I0156382

GRAMMAIRE

GRECQUE,

OU

EXPOSITION ANALYTIQUE ET COMPLÈTE

DES ÉLÉMENTS DE LA LANGUE GRECQUE,

AVEC SYNTAXE,

SUIVIE D'UN TRAITÉ ENTIÈREMENT NEUF SUR LA FORMATION DES MOTS ;

Par l'abbé Jules QUOD,

Professeur de langue grecque au petit séminaire de Toulouse.

BIBLIOTHÈQUE ROYALE

I

TOULOUSE,

J.-B. PAYA, IMPRIMEUR-LIBRAIRE,

Hôtel de Castellane.

—

1839.

Tous les exemplaires doivent être revêtus de ma griffe.

PRÉFACE.

Une bonne grammaire grecque, telle que la réclame aujourd'hui l'enseignement, doit avoir trois qualités: elle doit être *claire, courte et complète.*

Or, parmi celles qui ont paru jusqu'ici, aucune ne semble remplir cette triple
condition d'un bon livre élémentaire.

Quelques unes, en effet, ont bien le mérite de la brièveté, mais elles sont obscures,
très incomplètes et abandonnent le plus souvent l'élève en présence des difficultés.

D'autres plus répandues sont complètes il est vrai, mais elles pèchent surtout
par leur longueur ; elles sont moins une grammaire élémentaire qu'un riche
répertoire de règles et d'exceptions groupées sans assez d'ordre et où de nombreuses
redites nuisent à la clarté.

La troisième déclinaison, par les nombreux paradigmes que semblaient exiger
ses noms contractes, présentait déja quelques difficultés aux commençans ; à l'aide
de quelques règles faciles, nous avons rapporté tous les noms contractes à un seul
paradigme ou modèle de déclinaison.

La conjugaison grecque surtout avait besoin de simplification ; la multitude de
ses terminaisons, les verbes dont le radical est terminé par une consonne et leurs
temps seconds, les verbes contractes et ceux en μι qui en dépendent, la rendaient
extrêmement compliquée.

La formation des temps du verbe donné comme modèle étant bien loin d'être
simple, rien n'aidait la mémoire dans l'étude des terminaisons; rien ne l'aidait non
plus dans l'étude des autres espèces de verbes dont les rapports avec le verbe
modèle avaient été jusqu'ici trop négligés.

Cependant un moyen facile, sinon de faire disparaître, du moins de bien dimi-
nuer ces difficultés, se trouve, à ce qu'il nous semble, dans la distinction du
radical, de la *terminaison* et surtout de la *caractéristique.*

Cette distinction, qui n'est pas nouvelle, mais dont aucun grammairien n'a
connu tout le parti qu'on peut en tirer, devient ici la base d'une grande méthode
et la clef d'une grande simplification.

Un court exposé de la marche que nous avons suivi en montrera les avantages.

Parmi les verbes dont le radical est absolument invariable, nous avons pris le
verbe λύω pour en faire le modèle de la conjugaison grecque et à ce verbe type ou
modèle nous avons rapporté et comparé les verbes dont le radical est terminé par
une consonne et ceux dont le radical est terminé par un voyelle.

Pour faciliter l'étude du verbe modèle, nous faisons observer d'abord que le
radical est toujours invariable; en second lieu, que dans chaque mode il y a un
temps dont la terminaison passe presque toujours à tous les temps de ce mode,
ainsi :

Chaque mode n'a ordinairement qu'une seule terminaison : à l'actif c'est celle du présent, dans le passif c'est celle du parfait :

OPTATIF ACTIF (1)

Prés.	λύ- οιμι.
Fut.	λύ-σ-οιμι.
Parf.	λε λύ-κ-οιμι.
Aor.	λύ-σ-αιμι.

Quelques modes cependant ont plus d'une terminaison, mais n'en sont pas plus compliqués; tel est le mode suivant qui en a deux, une pour les temps principaux, l'autre pour les temps secondaires, ex. :

INDICATIF PASSIF ET MOYEN. (2)

Temps principaux.			Temps secondaires.		
Parf.	λέ λυ-	μαι.			
Prés.	λύ-	ο-μαι.	Pl. parf.	ἐλελύ-	μην.
Fut. moy.	λύ-	σ-ο-μαι.	Imparf.	ἐλυ-	ό-μην.
Fut. pass.	λυ-θή-σ-ο-μαι.		Aor. moy.	ἐλυ-σ-ά-μην.	

Comme on voit dans les exemples précédents, ce qui, dans un même mode, différencie les temps, c'est la caractéristique propre à chacun d'eux. Voyez page 48 et 54.

Cette caractéristique offre le double avantage de faire reconnaître les divers temps au premier coup d'œil et surtout de rendre leur formation simple et facile.

En effet, pour former les temps de la voix active, il suffit de faire précéder les terminaisons du présent par la caractéristique propre à chaque temps, comme on a vu dans λύ-οιμι, λύ-σοιμι, λελύ-κοιμι; dans la voix passive également, les temps, disposés selon l'ordre indiqué, se formeront l'un de l'autre en ajoutant successivement devant la terminaison du temps précédent, la caractéristique du temps suivant, de sorte que le dernier aura, outre sa propre caractéristique, toutes celles des temps qui le précèdent, comme on voit dans λέλυ-μαι, λύ-ομαι, λύ-σομαι, λυ-θήσομαι.

Pour connaître donc les trois voix de la conjugaison grecque, il suffit d'apprendre les terminaisons du présent actif et du parfait passif et les caractéristiques des autres temps. Voyez les tableaux généraux des voix active et passive.

Observations. Afin de profiter des avantages de la méthode, au lieu de réciter tous les modes d'un même temps avant de passer au temps suivant, il faut réciter tous les temps d'un même mode avant de passer au mode qui suit; cette marche est d'ailleurs conforme à celle qui est pratiquée dans les grammaires latine et française.

---

(1) Nous n'avons pas cité l'indicatif de la voix active parce que de tous les modes c'est le plus compliqué, et nous avons pris l'optatif, parce que c'est celui des autres modes qui a le plus de temps. (Voyez le tableau partiel de chaque mode ou le tableau général de la voix active.)

(2) Si on excepte l'aoriste passif qui a partout des terminaisons particulières, l'indicatif est le seul mode de la voix passive qui ait deux terminaisons; tous les autres n'en ont qu'une seule. Voyez le tableau du passif (page 62 et 65.)

Nous observerons encore que nous avons réuni les voix passive et moyenne, parce que la plupart de leurs terminaisons sont communes et que l'insertion des deux temps particuliers à la voix moyenne, loin de compliquer la passive, la rend au contraire plus régulière.

Pour plus grande facilité, nous avons donné un tableau partiel de chaque mode du verbe avant d'en présenter le tableau général qui réunit tous les modes ; le radical étant invariable, afin de mieux faire ressortir les terminaisons, nous ne l'avons pas répété et ne l'avons mis qu'une seule fois pour chaque temps ; enfin pour rendre plus saillante la caractéristique de chacun de ces temps, nous l'avons toujours un peu séparée de la terminaison.

Voilà ce que nous avions à dire sur le verbe modèle.

Tous les autres se conjuguent sur celui-ci, mais avec quelques changements ou modifications, ce qui nous les a fait appeller verbes modifiés.

Parmi ces verbes modifiés :

1° Ceux dont le radical est terminé par une consonne ne diffèrent du verbe modèle qu'à quelques temps où la dernière lettre du radical et la première de la terminaison, en se réunissant, éprouvent quelques légers changements.

Les temps seconds qui appartiennent à ces verbes et sont une des principales difficultés qui arrêtent les commençants, ont reçu une grande signification :

Leur radical est modifié d'après un très petit nombre de règles faciles à retenir ;

Leurs terminaisons dérivent toutes de celles du verbe modèle ; elles ne compliquent nullement la conjugaison, elles la simplifieraient plutôt.

Cependant nous n'avons pas placé les temps seconds dans le tableau de conjugaison du verbe modèle, pour ne pas trop multiplier le nombre des temps et parce que tous les verbes ne les ont pas. (1)

---

(1) La vérité de cette observation ressortira par le tableau suivant qui embrasse les terminaisons des temps *premiers* et *seconds* de l'indicatif de toutes les voix :

INDICATIF.

	ACTIF.		PASSIF ET MOYEN.	
Temps principaux.	Prés. . . . . . . ω , Fut. 2 . . . . . . ε-ω (ῶ) , Fut. 1 . . . . . . σ-ω , Parf. 2 . . . . . . ε-α , Parf. 1 . . . . . . κ-α ,	Temps principaux.	Parf. . . . . . . μαι , Prés. . . . . . . ο-μαι , Fut. 2. m. . . . ε-ο-μαι , Fut. 1. m. . . . σ-ο-μαι , Fut. 2. p. . . . η-σ-ο-μαι , Fut. 1. p. . . . θ-η-σ-ο-μαι ,	
Temps secondaires.	Aor. 1 . . . . . . σ-α , Aor. 2 . . . . . . ον , Imparf. . . . . . ον , Plus que parf. 2. ειν , Plus que parf. 1. κ-ειν.	Temps secondaires.	Plus que parf. . μην , Imparf . . . . . ο-μην , Aor. 2. m. . . . ο-μην , Aor. 1. m. . . . σ-α-μην , Aor. 2. p. . . . ην , Aor. 1. p. . . . θ-ην.	

On peut observer d'après ce tableau ; 1° que les trois futurs seconds ont pour caractéristique un ε ou η ; l'actif et le moyen ont un ε qui remplace le σ caractéristique du futur 1. et le futur 2. passif a un η qui rend plus régulière la transition du futur 1. moyen σομαι au futur 1. passif θησομαι.

2° On peut observer encore que le parfait 2. actif et l'aoriste 2. passif prêtent leur terminaison

2°. Les verbes dont le radical est terminé par une voyelle ou verbes contractes ne diffèrent, comme les précédents, du verbe modèle qu'à quelques temps où la dernière lettre du radical et la première de la terminaison peuvent, en se réunissant, se combiner ensemble d'après des règles fixes de contraction.

Les verbes en μι sont à l'égard des verbes contractes ce que les temps seconds sont à l'égard des verbes dont le radical est terminé par une consonne :

Leur radical est clairement déterminé par des règles fixes;

Leurs terminaisons sont prises dans le verbe type, excepté celles des trois personnes du singulier aux trois temps de l'indicatif actif.

Ce coup d'œil rapide sur la conjugaison grecque, en montrant l'enchaînement de ses diverses parties, en fait appercevoir à la fois l'unité et la simplicité. (1)

La marche de la syntaxe est aussi fort simple; nous avons à peu près suivi Lhomond; seulement nous avons rapproché quelques règles trop séparées et quelquefois même nous en avons réduit plusieurs en une seule qui les comprend toutes. Chaque chapitre de la syntaxe est divisé en trois parties; 1° les règles d'accord, 2° les règles de régime, 3° la manière de traduire les locutions grecques et françaises.

Ce que nous venons de dire peut donner une idée du plan de la grammaire; l'ordre que nous avons suivi dans l'ensemble et que nous avons cherché à conserver dans les détails aura, nous l'espérons, répandu partout une grande clarté.

Mais une grammaire ne doit pas seulement être claire, il faut aussi qu'elle soit complète; c'est pour la rendre telle, sans cependant entraver sa marche, que nous avons placé au bas de chaque page et en caractère plus menu une partie supplémentaire.

Ce supplément renferme les irrégularités de la langue groupées avec beaucoup d'ordre et de manière à correspondre à chaque règle du corps de l'ouvrage, des observations neuves et importantes, et enfin les divers dialectes des noms et des verbes présentés sous forme de tableaux.

La connaissance des dialectes étant absolument nécessaire pour la traduction des poètes et même des prosateurs, nous avons voulu que les élèves, tout en étudiant les terminaisons ordinaires dans le corps de l'ouvrage, eussent toujours devant les yeux les terminaisons correspondantes des dialectes au supplément.

Quand aux règles générales de ces dialectes, nous les avons renvoyées, ainsi que le traité de l'accentuation, dans un appendice à la fin de la grammaire.

---

aux temps premiers correspondants : parf. 2. α, parf. 1. κ-α ; aor. 2. passif ην, aor. 1. passif θ-ην. (Voyez les temps seconds page 69.) Il en est de même du plus-que-parfait 2. qui est très peu usité.

On peut faire un rapprochement semblable pour les autres modes qui tous sont plus simples que celui-ci.

(1) En général dans les noms comme dans les verbes, nous avons tout rapporté à des modèles de déclinaison ou de conjugaison appris tout d'abord : tout ce qui se décline a été rapporté et comparé à l'article et aux terminaisons de la troisième déclinaison données pour cela séparément, et tout ce qui se conjugue a été rapporté au verbe type ou modèle; de plus, dans le verbe modèle, nous avons rapporté tous les temps à un seul temps modèle qui prête ses terminaisons à tous les autres.

Nous y avons ajouté la manière d'écrire les nombres en grec et un traité important sur la formation des mots par composition et dérivation.

Ce petit traité qui met en jour la simplicité du mécanisme de la langue grecque et abrège de beaucoup l'étude de sa nomenclature, a attiré vivement l'attention des hellénistes distingués à qui nous l'avons montré avant de l'imprimer. (1)

Enfin, cette grammaire, quoiqu'aussi complète qu'aucune de celles qui sont entre les mains des élèves, a évidemment sur elles l'avantage de la brièveté. Cette troisième qualité d'un bon livre élémentaire elle la doit à l'ordre de sa marche, à l'enchaînement de toutes ses parties et au soin que nous avons eu de rapporter à des principes invariables des détails nombreux qui partout ailleurs étaient étudiés isolément et sans règle.

NOTA. La prosodie grecque, qui n'a point un traité à part dans la grammaire, s'y trouve néanmoins toute entière soit à l'article des voyelles (page 2) où est indiquée la quantité qu'elles ont au commencement et au milieu des mots , soit au traité de l'accentuation (page 125) où est marquée la quantité des finales.

---

(1) Le traité que nous donnons sur les principes de la formation de la langue grecque est un résumé complet d'un traité plus étendu et plus détaillé où ces mêmes principes pourront recevoir de plus nombreuses applications.

ERRATA.

Page 6, ligne 1 (de la note), avant la syntaxe, *lisez :* après la syntaxe.

Page 7, ligne 1 (de la note), après le verbe, *lisez :* après la syntaxe.

Page 20, ligne 12, *ajoutez :* il suffit pour cela de changer en ν le σ du nominatif.

Page 25, ligne 11, *ajoutez :* il suffit pour cela de changer en ν le σ du nominatif.

Page 25, ligne 28, κρέ-ατι, αῖ, *lisez :* κρέατι, αῖ, ᾳ.

Page 55, ligne 2, à tous les modes de l'aoriste, *lisez :* à tous les modes l'aoriste.

Page 57, à la 3ᵉ personne du duel du plus-que-parfait passif, ἐλέλυ-σθον, *lisez :* ἐλελύ-σθην.

Page 65, ligne 6, de ce verbe, *lisez :* de ces verbes.

Page 73, ligne 5, *supprimez :* comme on voit dans ce dernier exemple.

Page 92, ligne 1, seconde partie, *lisez :* livre second.

Page 118, ligne 22, ce dialecte se change, *lisez :* ce dialecte change.

Page 125, ligne 4, (de la note) angue, *lisez :* langue.

Page 126, ligne 20, l'art de jour de la cythare, *lisez :* l'art de jouer.

GRAMMAIRE
GRECQUE.

NOTIONS PRÉLIMINAIRES.

ALPHABET.

L'Alphabet Grec a vingt-quatre Lettres, dont voici :

la figure,	le nom,	la valeur,	la prononciation.
A, α,	Alpha,	a,	comme dans *a*lphabet.
B, β, ϐ,	bêta,	b,	*b*onté.
Γ, γ, Γ,	gamma,	g,	*g*uêpe. (1)
Δ, δ,	delta,	d,	*d*onner.
E, ε,	epsilon,	é *bref*,	*é*clair.
Z, ζ,	dzêta,	dz,	*dz*éphyr pour *z*éphyr.
H, η,	êta,	ê *long*,	tê*t*e.
Θ, Ϙ, θ,	thêta,	th *anglais*,	no*th*ing (rien).
I, ι,	iôta,	i,	*i*miter.
K, κ,	cappa,	k,	*K*ikéronn pour Cicéron.
Λ, λ,	lambda,	l,	*l*angue.
M, μ,	mu,	m,	*m*use.
N, ν,	nu,	n,	*n*ombre.
Ξ, ξ,	xi,	x (ks),	*X*énophon.
O, o,	omicron,	o *bref*,	*o*tage.
Π, π, ϖ,	pi,	p,	*p*euple.
P, ρ,	rho,	rh, r,	*rh*éteur.
Σ, σ, ς,	sigma,	s,	*s*ession.
T, τ, 7,	tau,	t,	*t*otal.
Υ, υ,	upsilon,	u,	*h*utte.
Φ, φ,	phi,	ph, f,	*ph*ilosophie.
X, χ,	chi,	ch (kh),	*Ch*rysostome.
Ψ, ψ,	psi,	ps,	*ps*aume.
Ω, ω,	ômega,	ô *long*,	hô*t*e.

(1) Lorsque γ se rencontre devant γ, κ, χ, ξ, il se prononce comme *n*. Ex: ἄγγελος, *ange*, *messager*; prononcez *anguélos*.

Pour se familiariser avec les lettres de l'Alphabet Grec, on pourra lire à plusieurs reprises le distique suivant, qui les renferme toutes.

Ψυχή, βλέψον ἄνω, ξείνων δ'ἐπιλήθεο πάντων,
Μή σ' ἄγη νικῶν πρὸς ζοφόεντα δέμας. (Saint-Grég-Naz.) *

Aspice, mens, sursum, peregrinaque despice cuncta,
Ne te corpus ovans ad tenebrosa trahat.

DIVISION DES LETTRES.

Les lettres se divisent en *Voyelles* et en *Consonnes*.

Voyelles.

L'Alphabet Grec compte sept voyelles, parmi lesquelles :
Cinq lui sont communes avec d'autres langues, savoir : α, ε, ι, ο, υ.
Deux lui sont propres, savoir . . . . η, ω.

Par *Nature*, ces voyelles sont : ou
{
brèves, comme ε, ο.
longues . . . . . . η, ω.
douteuses . . . . α, ι, υ.
}

Par *Position* (1), elles peuvent toutes devenir brèves ou longues.

---

* Nous avons indiqué dans l'Alphabet la prononciation française, comme plus favorable aux progrès des élèves ; nous donnerons néamoins ici les règles générales de la prononciation usitée chez les grecs modernes.

ι ⎫		αι se prononce *é.*	β presque comme *v.*
υ ⎪			γ comme *z.*
η ⎬ se prononcent *i.*	αυ.. { *av* devant une voy. / *af* devant une cons.	δ comme *d,* quand
ει ⎪			il est précédé de *v.*
οι ⎪	ευ... { *ev* devant une voy. / *ef* devant une cons.	
υι ⎭		ηυ... *if.*	

Les autres lettres ont la prononciation indiquée dans l'alphabet.

(1) Une voyelle *brève*, étant placée devant une lettre double ou devant deux consonnes, devient longue par position. Ex. ε bref dans λέγω, devient long dans { λέξω. / λέκτικος.

Une voyelle *longue* et même une diphthongue placées à la fin d'un mot peuvent devenir brèves.

DIPHTHONGUES. La Diphthongue ou syllabe à double son (δὶς, φθόγγος), est la réunion de deux voyelles prononcées par une seule émission de voix. Il y a neuf diphthongues; dont :

Quatre se forment en ajoutant ι aux voyelles.... α, ε, ο, υ.

Cinq en ajoutant υ aux voyelles................ α, ε, ο, η, ω.

αι , comme dans Naïades.	αυ , comme dans pause.
ει............ Pléiades.	ευ .... heureux.
οι........... royaume.	ου .... toujours.
υι.......... puiser.	ηυ........... eu prolongé.
	ωυ........... ou prolongé.

Parmi ces neuf diphthongues {

six sont très-usitées, savoir : { αι , ει , οι. αυ , ευ , ου.

deux le sont moins, savoir ... ηυ , ωυ.

une l'est rarement........ υι.

On détruit la diphthongue en plaçant un tréma (..) sur la seconde voyelle.

Παῖς (enfant) , diphthongue , n'a qu'une syllabe.

Πάϊς avec un tréma, en a deux.

Consonnes.

Il y a dix-sept Consonnes qui se divisent en *Muettes, Sifflante, Doubles* et *Liquides*.

MUETTES. Les Muettes sont au nombre de neuf. Elles se partagent en trois Ordres, savoir : les *Labiales*, les *Gutturales* et les *Dentales*, ainsi appelées des parties de la bouche affectées en les prononçant.

1er ORDRE LABIALES.	2e ORDRE GUTTURALES.	3e ORDRE DENTALES.
6	γ	δ
π	κ	τ
φ	χ	θ

Dans les trois muettes de chaque *Ordre*, il y a trois *Degrés* : une *Douce* , une *Forte* et une *Aspirée*.

DANS LES LABIALES.	DANS LES GUTTURALES.	DANS LES DENTALES.
ϐ est la douce.	γ est la douce.	δ est la douce.
π . . . . la forte.	κ . . . la forte.	τ . . . la forte.
φ . . . . l'aspirée.	χ . . . l'aspirée.	θ . . . l'aspirée.

Ainsi on trouve dans les muettes, trois ordres et trois degrés : chaque ordre renferme une muette de chaque degré , et réciproquement , chaque degré renferme une muette de chaque ordre. Il y a donc trois douces, trois fortes et trois aspirées, comme il y a trois labiales, trois gutturales et trois dentales , ainsi qu'il est facile de le voir dans le tableau suivant :

Tableau des Muettes.

	1re ORDRE LABIALES.	2e ORDRE GUTTURALES	3e ORDRE DENTALES.
1er degré. Douce	ϐ	γ	δ
2e degré. Forte	π	κ	τ
3e degré. Aspirée	φ	χ	θ

Les muettes du même ordre se changent dans certains cas l'une pour l'autre , afin de faciliter et d'adoucir la prononciation. Ce changement se fait d'après deux règles :

1ere *Règle*. Quand deux muettes se suivent , la première doit être de même degré que la seconde :

Douce, si la seconde est douce. Ex . . . . ὄγ-δοος (huitième).
Forte si la seconde est forte. Ex . . . . ὀκ-τώ (huit).
Aspirée si la seconde est aspirée. Ex . . . . λεχ-θέν (mot). (1)

_____

(1) Λεχ-θέν vient de λέγ-ω dont la douce γ se change en χ son aspirée devant l'aspirée θ.

2e *Règle*. Deux syllabes de suite ne commencent pas ordinairement par une *aspirée*; dans ce cas, la première *Aspirée* se change en sa *Forte* correspondante. Ex. On dit, τρέχω (je cours), et non pas θρέχω.

Sifflante. Il n'y a qu'une sifflante qui est σ.

Doubles. Il y en a trois ; ψ, ξ, ζ, qui se forment de la manière suivante :

σ ajouté aux muettes du {
1er ordre forme ψ qui égale 6ς, πς, φς.
2e ordre ..... ξ .... γς, χς, χς.
3e ordre ..... ζ .... δς, τς, θς.(1)
}

Liquides. Il y a quatre *liquides* , savoir :

μ, qui aime à se trouver devant les *labiales*. Ex: ὄμ-6ρος (pluie).

ν, qui se plait devant les *dentales*. Ex· ἀν-δρεία (courage) (2).

λ }
ρ } qui se placent indifféremment devant toutes les muettes.

Tableau résumé des Lettres.

24 lettres. {

7 voyelles. {
2 brèves . . . . ε . . . . ο.
2 longues . . . . η . . . . ω.
3 douteuses . . . . α . . . . . ι . . . . υ.
}

17 consonnes. {

9 muettes. {

	LABIALES.	GUTTURALES.	DENTALES.
Douces	6	γ	δ
Fortes	π	ϰ .	τ
Aspirées	φ	χ	θ

}

1 sifflante. . . . . σ.
3 doubles. . . . . ψ. . . . . . ξ . . . . . ζ.
4 liquides. . . . . μ. . . . . ν. λ. ρ.

}

---

(1) La composition des lettres doubles et les deux règles sur les muettes seront d'un grand usage, surtout dans la formation des temps du verbe. Le ζ, quoique formé de la même manière que les deux autres doubles , n'aura pas cependant les mêmes applications.

(2) Le ν se change en μ devant les labiales : ἐν-6αίνω, ἐμ6αίνω; en λ et en ρ devant λ et ρ : συν-ρέω , συρρέω, συν-λα6ή, συλλα6ή.

Il s'ajoute quelquefois à un mot terminé par une voyelle et suivi d'un autre mot qui commence aussi par une voyelle; dans ce cas il s'appelle ν euphonique : ἔτυψεν αὐτὸν pour ἔτυψε αὐτόν.

ESPRIT.

L'Esprit est une aspiration; il y a deux sortes d'esprits.

L'esprit *doux* , qui ressemble à une petite virgule (').

L'esprit *rude* , qui a la forme d'un petit *c* français (').

Ils se placent toujours au-dessus de la première voyelle qui commence un mot; et si ce mot commence par une diphthongue , c'est toujours la seconde voyelle qui reçoit l'esprit. Il en est de même des accents.

υ. Prend toujours l'esprit rude. Ex. ὕδωρ (eau).

ρ. Est la seule consonne qui reçoive l'esprit. Au commencement des mots il prend le rude. Ex. ῥώμη (force); et s'il y a deux ρ de suite dans un même mot , le second prend le rude et le premier prend le doux. Ex. ἐῤῥῶσθε (portez-vous bien).

ACCENTS.

Il y eu a trois, savoir .

L'*Aigu* ('), qui fait élever la voix sur la syllabe accentuée.

Le *Grave* ('), qui fait baisser la voix.

Le *Circonflexe* (~), qui fait élever et baisser la voix sur la même syllabe (1).

APOSTROPHE.

L'*Apostrophe* tient lieu d'une voyelle ou d'une diphthongue retranchée au commencement ou à la fin d'un mot. Ex.

$$\begin{cases} \text{ποῦ' στι, pour ποῦ ἐστι (où est-il ?)} \\ \text{ἀπ' ἐμοῦ , pour ἀπὸ ἐμοῦ (de ma part.)} \\ \text{βούλομ' ἐγώ, pour βούλομαι ἐγώ (je veux.)} \end{cases}$$

Si la voyelle qui suit l'apostrophe est marquée de l'esprit rude, la *forte* qui précède doit se changer en son aspirée correspondante. Ex. ἀφ' ἡμῶν pour ἀπὸ ἡμῶν (de notre part) (2).

---

(1) Voir les règles de l'accentuation immédiatement avant la syntaxe.

(2) Quelquefois le premier mot perd sa voyelle ou diphthongue finale, sans la remplacer par l'apostrophe : τἀνδρός pour τοῦ ἀνδρός. S'il y a un ι au commencement du second mot, toujours on le souscrit : ἐγᾦμαι pour ἐγὼ οἶμαι (je pense); s'il est à la fin du premier, on ne le souscrit pas toujours : κἀγώ pour καὶ ἐγώ.

PONCTUATION.

On emploie cinq signes, savoir :

Le Point (.), qui indique un sens fini, comme en français.

Le Point en haut (·), qui équivaut à nos deux points.

La Virgule (,), qui distingue les membres d'une phrase.

Le Point et Virgule (;), qui tient lieu de notre point d'interrogation.

Le Point d'Exclamation (!), qui est semblable au nôtre.

DIALECTES.

Il y a quatre principaux dialectes, qui sont :

L'*Attique*, le plus usité de tous, aimant les contractions, et les consonnes dures.

L'*Ionien*, aimant les sons doux et rejettant les contractions dures.

Le *Dorien*,
L'*Éolien*, } types principaux de la langue latine. (1)

---

(1) Les règles générales des dialectes se trouvent après les verbes.

LIVRE PREMIER.

DES DIFFÉRENTES PARTIES DU DISCOURS.

La langue Grecque, comme la langue française a dix sortes de mots :

l'Article,	le Pronom,	la Préposition,
le Substantif,	le Verbe,	la Conjonction,
l'Adjectif,	le Participe (1),	l'Interjection.
	l'Adverbe,	

L'Article, le Substantif, l'Adjectif, le Pronom et le Participe, sont susceptibles de *Nombres*, de *Genres* et de *Cas*.

Nombres. Il y a trois *Nombres* :
> le Singulier, qui exprime l'Unité;
> le Pluriel, qui exprime la Pluralité;
> le Duel, qui indique deux Personnes ou deux Choses.

Genres. Il y a trois *Genres* : le *Masculin*, le *Féminin*, et le *Neutre*.

Cas....... Il n'y a que cinq cas, savoir : le *Nominatif*, le *Vocatif*, le *Génitif*, le *Datif* et l'*Accusatif*. On emploie en grec le génitif et le datif pour l'ablatif latin.

CHAPITRE PREMIER.

ARTICLE.

L'Article précède le substantif et indique qu'il est pris dans un *sens*

---

(1) Le Participe étant un mode du verbe, n'aura pas un chapitre particulier. Nous en traiterons dans celui du verbe.

déterminé. Il a trois genres : l'Article Masculin précède les noms masculins ; le Féminin les noms féminins, le Neutre les noms neutres.

SINGULIER.

Cas.	Masculin.	Féminin.	Neutre.	
Nom.	ὁ,	ἡ,	τό,	le, la, le.
Gén.	τοῦ,	τῆς,	τοῦ,	du, de la, du.
Dat.	τῷ,	τῇ,	τῷ,	au, à la, au.
Acc.	τόν,	τήν,	τό,	le, la, le.

PLURIEL.

Nom.	οἱ,	αἱ,	τά,	les.
Gén.	τῶν,	τῶν,	τῶν,	des.
Dat.	τοῖς,	ταῖς,	τοῖς,	aux.
Acc.	τούς,	τάς,	τά,	les.

DUEL.

Nom.Acc.	τώ,	τά,	τώ,	les deux.
Gén.Dat.	τοῖν,	ταῖν,	τοῖν,	des deux, aux deux.

REMARQUES.

1° . L'Article prend le τ à tous les cas, excepté au nominatif singulier
et pluriel du masculin et du féminin, où le τ est remplacé par
l'esprit rude.

2° Il n'a point de vocatif ; ὦ que l'on trouve quelquefois devant le
vocatif des noms, n'appartient pas à l'article, c'est une interjection.

3° Aux datifs singulier et pluriel de tous les genres il a un ι : au singulier cet ι est souscrit (1) et ne se prononce pas, τῷ, τῇ, τῷ ; au pluriel il entre dans la composition d'une diphthongue et se prononce,
τοῖς, ταῖς, τοῖς. Il en est de même dans tous les noms des deux premières déclinaisons.

4° Le génitif pluriel de l'article est pour les trois genres en ῶν. Il en

-----

(1) On appelle ι souscrit un petit trait vertical placé sous l'une des voyelles α, η, ω, et remplaçant un ι, qui, sans doute, se trouvait primitivement après ces voyelles. On le rencontre fréquemm en
dans les noms et les verbes.

est de même pour les noms grecs de toutes les déclinaisons , ainsi que pour tous les adjectifs , les pronoms et les participes. *

CHAPITRE SECOND.

SUBSTANTIF.

Le Substantif désigne les personnes ou les choses.

Dans la composition de tous les noms , comme nous le verrons aussi dans les verbes , il y a deux parties à observer.

Le *Radical* , c'est-à-dire , la partie du mot qui ne change point.

La *Terminaison,* qui varie suivant les nombres, les genres et les cas.

Pour savoir décliner un substantif, il suffira donc d'apprendre quelques terminaisons , devant lesquelles on placera successivement un même radical.

Il y a trois déclinaisons :

La *Première* et la *Seconde* sont *Parisyllabiques ,* c'est-à-dire , ont à tous leurs cas un égal nombre de syllabes.

La *Troisième* est *Imparisyllabique ,* c'est-à-dire , a au nominatif et au vocatif singulier une syllabe de moins qu'aux autres cas.

Les deux premières déclinaisons tirent leurs terminaisons de l'article.

La troisième a des terminaisons particulières.

---

* Dialecte de l'Article.

Singulier.	gén.	m. τέω , τεῦ , τοῖο	Ionien.
	dat.	m. τέῳ	Ionien.
Pluriel.	nom.	m. τοί	Dorien.
		f. ταί	Dorien.
	gén.	τᾶν	Dorien.
	dat.	m. τοῖσι , τοῖσδε , τοῖσδεσι	poétique.
		f. ταῖσι	poétique.
		f. τῆς , τῆσι . τῆσιν	Ionien. Attique.

PREMIÈRE DÉCLINAISON.

(Parisyllabique.)

La première déclinaison renferme :

> 1° des noms *Féminins* termi-
> nés en η et en α ;
>
> 2° des noms *Masculins* termi-
> nés en ης et en ας.

Règle générale. Les terminaisons de cette déclinaison sont celles de l'article féminin.

Règle particulière pour les noms *Féminins*.

> Ceux en η suivent invaria-
> blement l'article féminin.
>
> Ceux en α remplacent par-
> tout l'η par l'α.

Tous les noms féminins font le vocatif semblable au nominatif.

Règle particulière pour les noms *Masculins*.

> Ceux en ης se déclinent com-
> me les féminins en η.
>
> Ceux en ας comme les fémi-
> nins en α.

EXCEPTIONS.

1° Tous les noms masculins ont un σ au nominatif et font le génitif en ου ;

2° ceux en της font ordinairement le vocatif en α.

MODÈLE DE DÉCLINAISON.(1)

	NOMS FÉMININS.			NOMS MASCULINS.	

Singulier, κεφαλή, tête.   ἡμέρα, jour.   μονίας, solitaire.   ποιητής, poète.

	art. rad. term.			art. rad. term.	
N.	ἡ	ή, la tête.	α, le jour.	ὁ	ας, le solitaire·	τής, le poète.
V.		ή,	α,		α,	ά,
G.	τ-ῆς κεφαλ	ῆς,(2)	ἡμέρ { ας,	τοῦ μονί	ου,	ποιητ { οῦ,
D.	τ-ῇ	ῇ,	ᾳ,	τῷ	ᾳ,	ῇ,
A.	τ-ὴν	ήν,	αν,	τὸν	αν,	ήν,

Pluriel.

N.	αἱ	αί, les têtes.	αι,	οἱ	αι,	αί,
V.		αί,	αι,		αι,	αί,
G.	τ-ῶν κεφαλ	ῶν,	ἡμέρ { ῶν,	τῶν μονί	ῶν, (3)	ποιητ { ῶν,
D.	τ-αῖς	αῖς,	αις,	τοῖς	αις,	αῖς,
A.	τ-ὰς	άς,	ας,	τοὺς	ας,	άς,

Duel.

N.A. τ-ὰ		ά, les deux têtes.	α,	τὼ	α,	ά,
V.	κεφαλ	ά, deux têtes.	ἡμέρ { α,	μονί	α,	ποιητ { ά,
G.D. τ-αῖν		αῖν, des, aux deux têtes	αιν,	τοῖν	αιν,	αῖν,

DECLINEZ.

Sur κεφαλ-ή.	Sur ἡμέρα.	Sur μονί-ας.	Sur ποιητ-ής.
γῆ, terre.	θύρ-α, porte.	νεανί-ας, jeune-homme.	θύτ-ης, sacrificateur
φωνή, voix.	σκί-α, ombre.	ταμί-ας, questeur.	δεσπότ-ης, maître.
νίκ-η, victoire.	φιλί-α, amitié.	Αἰνεί-ας, Énée.	ναύτ-ης, pilote.
βροντ-ή, tonnerre.	οἰκί-α, maison.	βύ-ας, hibou.	ἀρότ-ης, laboureur.
τιμ-ή, honneur.	στο-ά, portique	πάππ-ας, papa.	πολί-της, citoyen.

(1) Pour décliner un nom, on prend à chaque cas, l'article, le radical et la terminaison correspondante au cas de l'article. Ex.

        Nom.   ἡ κεφαλ-ή,   la tête.
        Voc.   κεφαλ-ή,   tête.
        Gén.   τῆς κεφαλ-ῆς, de la tête. etc....

(2) Quand les terminaisons de l'article et celles du nom seront semblables, le τ de l'article sera séparé de sa terminaison par un trait.

(3) Observez que toutes les fois que la terminaison des noms, adjectifs ou verbes, sera marquée d'un accent, le radical doit perdre le sien.

Remarques.

1° Les noms masculins se déclinent avec l'article masculin quoiqu'ils aient les terminaisons de l'article féminin.

2° Les noms féminins qui, au singulier, remplacent à tous leurs cas l'η de l'article par l'α, et se déclinent sur ἡμέρα, sont ceux dont le radical se termine par une voyelle ou par un ρ : on les appelle noms en α pur. On peut encore considérer comme tels les noms en δα, θα, et la plupart de ceux en λα. (1)

3° Les autres noms, qui ne sont pas en α pur, gardent l'α au nominatif, au vocatif et à l'accusatif singulier; ils prennent l'η de l'article au génitif et au datif. Voici pour ces derniers un modèle de déclinaison.

Singulier.

Nom.	ἡ		α	la gloire.
Voc.			α,	
Gén.	τῆς	δόξ	ης,	
Dat.	τῇ		η,	
Acc.	τὴν		αν,	

Le *Pluriel* et le *Duel* ont les terminaisons de l'article féminin, comme le pluriel et le duel de tous les noms de cette déclinaison, ainsi qu'on pourra le voir dans le tableau résumé qui suit :

* *Dialectes principaux de la première Déclinaison.*

Sing.	Nom.	μονί-ης	Ionien.	
	Gén.	εω	Ionien.	
	Dat.	η	Ionien.	
Plur.	Gén.	εων	Ionien.	
		αων	Eolien.	
		ᾶν	Dorien.	
	Dat.	ης	Ionien.	
		αισι	Poétique.	

(1) Ceux des noms en λα qui gardent α à tous les cas sont censés formés d'une contraction. Ex: φιλομήλα pour φιλομηλάα. Il en est de même de μνᾶ pour μνάα (mine).

Tableau résumé de la première Déclinaison.

	Singulier				Pluriel	Duel
	fém.	masc.	masc	fém.	fém. masc. masc. fém.	fém. masc. masc. fém.
Nom.	η	ης	ας	α	αι	α
Voc.	η	α	α	α	αι	α
Gén.	ης	ου	ου	ας	ων	αιν
Dat.	η			ᾳ	αις	αιν
Acc.	ην		αν		ας	α

SECONDE DÉCLINAISON.

(Parisyllabique.)

La seconde déclinaison renferme :
- 1° Des noms *Masculins* en ος.
- 2° Des noms *Féminins* en ος.
- 3° Des noms *Neutres* en ον.

Règle générale. Les terminaisons de cette déclinaison sont celles de l'article *Masculin* et de l'article *Neutre*.

Règle part. 1° Les noms masculins et féminins prennent les terminaisons de l'article *Masculin*.

Seulement ils ajoutent un σ au nominatif singulier et font le vocatif en ε.

2° Les noms neutres suivent les désinences de l'article neutre.

Mais ils ajoutent un ν au nominatif et à l'accusatif singulier. Le vocatif est comme le nominatif et l'accusatif. Ces trois cas sont toujours semblables dans les noms neutres : au pluriel, ils sont terminés en α.

MODÈLE DE DÉCLINAISON.

NOM MASCULIN.	NOM FÉMININ.	NOM NEUTRE.
Singulier, λόγος, discours.	ὁδός, route.	δῶρον, présent.

	art.	radic.	term.					
Nom.	ὁ		ος, le discours.	ἡ		ός, la route.	τ-ὸ	ον, le présent
Voc.			ε,			έ,		ον,
Gén.	τ-οῦ	λόγ	ου,	τῆς	ὁδ	οῦ,	τ-οῦ δῶρ	ου,(1)
Dat.	τ-ῷ		ῳ,	τῇ		ῷ,	τ-ῷ	ῳ,
Acc.	τ-ὸν		ον,	τήν		όν,	τ-ὸ	ον,

Pluriel.

Nom.	οἱ		οι,	αἱ		οἱ,	τ-ά	α,
Voc.			οι,			οἱ,		α,
Gén.	τ-ῶν	λόγ	ων,	τῶν	ὁδ	ῶν,	τ-ῶν δῶρ	ων,
Dat.	τ-οῖς		οις,	ταῖς		οῖς,	τ-οῖς	οις,
Acc.	τ-οὺς		ους,	τὰς		ούς,	τ-ά	α,

Duel.

Nom.	τ-ώ		ω,	τά		ώ,	τ-ώ	ω,
Voc.		λόγ	ω,		ὁδ	ώ,		δώρ	ω,
G. D.	τ-οῖν		οιν,	ταῖν		οῖν,	τ-οῖν	οιν,

DECLINEZ.

Sur λόγ-ος.	Sur ὁδ-ός.	Sur δῶρ-ον.
νόμ-ος, loi.	παρθέν-ος, vierge.	δένδρ-ον, arbre.
ἀδελφ-ός, frère.	νόσ-ος, maladie.	ρόδ-ον, rose.
κύρι-ος, maître.	ἄμπελ-ος, vigne.	ὁπλ-ον, arme.
ἄγγελ-ος, messager.	νῆσ-ος, île.	ἔργ-ον, ouvrage.
πόλεμ-ος, guerre.	σποδ-ός, cendre.	ζῶ-ον, animal.
νό-ος (2), esprit.	βίβλ-ος, livre.	ὄργαν-ον, instrument.

(1) Selon la finale l'accent change de nature ou de position. Ex. δῶρον, fait δώρου au génitif avec l'accent aigu, qu'il prend au génitif et au datif de trois nombres et aux trois cas semblables du duel.

(2) Quelques noms et quelques adjectifs en ος, ον, précédés de ε ou ο se contractent. Ex.

νό-ος, νοῦς.
νό-ου, νοῦ.
ὀστέ-ον. ὀστοῦν.

Remarque. Les noms féminins se déclinent avec l'article féminin, quoiqu'ils aient les terminaisons de l'article masculin.

Forme Attique.

Cette forme, très-peu usitée, puisqu'elle ne s'applique qu'à une quinzaine de mots, diffère de la forme ordinaire en cinq points :

1° Elle change *o* en ω.
2° . . . souscrit ι.
3° . . . retranche ν.
4° . . . fait le vocatif semblable au nominatif.
5° . . . fait les trois cas semblables du pluriel neutre en ω.

MODÈLE DE DÉCLINAISON.

	NOM MASCULIN.			NOM NEUTRE.	
Singulier,	λαγώς, lièvre.			ἀνώγεων, salle à manger.	
Nom.	ὁ,	ὥς, le lièvre.	τὸ		ων, la salle à manger.
Voc.		ὥς,			ων,
Gén.	τοῦ λαγ-	ὥ,	τοῦ ἀνώγε-		ω,
Dat.	τῷ	ῷ,	τῷ		ῳ,
Acc.	τὸν	ὥν,	τὸ		ων,
Pluriel.					
Nom.	οἱ	ῷ,	τὰ		ω,
Voc.		ῷ,			ω,
Gén.	τῶν λαγ-	ὥν,	τῶν ἀνώγε-		ων,
Dat.	τοῖς	ῷς,	τοῖς		ῳς,
Acc.	τοὺς	ὥς,	τὰ		ω,
Duel.					
N. A.	τὼ	ὥ,	τὼ		ω,
Voc.	λαγ-	ὥ,	ἀνώγε-		ω,
G. D.	τοῖν	ῷν,	τοῖν		ῳν,

DÉCLINEZ.

Sur λαγ-ώς.   Sur ἀνώγε-ων.

Masculins.
- νε-ώς, temple.
- κάλ-ως, corde.

χρέ-ων , destin.

Féminin.   ἅλ-ως, aire.

Tableau résumé de la seconde déclinaison.

	Singulier.		Pluriel.		Duel.
	masc. fém.	neutre.	masc. fém.	neutre.	masc. fém. neutre.
Nom.	ος,	ον,	οι,	α,	ω,
Voc.	ε,	ον,	οι,	α,	ω,
Gén.	ου,		ων,		οιν,
Dat.	ῳ,		οις,		οιν,
Acc.	ον.		ους,	α.	ω.*

TROISIÈME DÉCLINAISON.

(Imparisyllabique).

La troisième déclinaison renferme des noms : { Masculins. Féminins. Neutres.

Règle générale. Les noms de cette déclinaison ont pour les trois genres les mêmes terminaisons.

Celles du nominatif et du vocatif singulier sont ordinairement semblables et au nombre de neuf, savoir :

Cinq consonnes . . . . ψ, ξ, σ, ν, ρ.
Quatre voyelles . . . . α, ι, υ, ω.

NOTA. Ces terminaisons du nominatif et du vocatif sont placées isolément, parce

---

* Dialectes principaux de la seconde déclinaison.

Singulier.	Voc. . . . . . λόγ-ος	Attique.
	Gén.	οιο	Ionien.
		ω	Dorien.
Pluriel.	Dat.	οισι, οισιν . .	Ionien.
	Acc.	ω, ως.	Dorien.

qu'elles ne s'unissent pas toujours au radical de la même manière que celles des autres cas, et que, quelquefois, elles sont la dernière lettre de ce même radical. Il ne faudra donc pas appliquer à ces deux cas ce que nous dirons en général des terminaisons de la troisième déclinaison.

Terminaisons de la troisième déclinaison.

Singulier.		Pluriel.		Duel.	
		Nom.	ες,		
		Voc.	ες,	Nom. Acc.	ε,
Gén.	ος,	Gén.	ων,	Voc.	ε,
Dat.	ι,	Dat.	σι,	Gén. Dat.	οιν.
Acc.	α.	Acc.	ας.		

Règle particulière. Les noms neutres diffèrent des noms masculins et féminins par l'accusatif singulier qui est toujours comme le nominatif et le vocatif, et par les trois cas semblables du pluriel, qui sont en α.

REMARQUES.

1° Ces diverses terminaisons placées après un radical, forment les différens cas des noms de la troisième déclinaison. On considère comme radical toute la partie du nom qui précède la terminaison ος du génitif. (1)

2° Dans cette déclinaison, le radical peut se terminer par une consonne, comme μάρτυρ (témoin), génitif μάρτυρ-ος, ou par une voyelle, comme τριήρης (galère), génitif τριήρε-ος ; de là, deux sortes de noms dans la troisième déclinaison :

Noms simples, ou dont le radical se termine par une consonne.

Noms contractes, ou dont le radical se termine par une voyelle.

_____

(1) Le génitif est toujours indiqué dans le dictionnaire ; il est donc toujours facile de trouver le radical.

NOMS SIMPLES,

ou dont le radical se termine par une consonne.

MODÈLE DE DÉCLINAISON.

	NOM MASCULIN.			NOM FÉMININ.			NOM NEUTRE.	
Singulier.	μάρτυρ, témoin.			φλόξ, flamme.			πύρ, feu.	

Singulier.

Nom.	ὁ	μάρτυρ,	le témoin.	ἡ	φλόξ, la flamme.	τὸ	πύρ; le feu.	
Voc.		μάρτυρ,			φλόξ,		πύρ,	
Gén.	τοῦ		ος,	τῆς	ός,	τοῦ		ός,
Dat.	τῷ	μάρτυρ	ι,	τῇ	φλόγ ί,	τῷ	πυρ	ι,
Acc.	τὸν		α.	τὴν	α.	τὸ	πύρ.	

Pluriel.

Nom.	οἱ		ες,	αἱ	ες,	τὰ		α,
Voc.			ες,		ες,			α,
Gén.	τῶν	μάρτυρ	ων,	τῶν	φλόγ ῶν,	τῶν	πύρ	ῶν,
Dat.	τοῖς		σι,	ταῖς	σί(1),	τοῖς		σι,
Acc.	τοὺς		ας.	τὰς	ας.	τὰ		α.

Duel.

N. A.	τὼ		ε,	τὰ	ε,	τὼ		ε,
Voc.		μάρτυρ	ε,		φλόγ ε,		πύρ	ε,
G. D.	τοῖν		οιν.	ταῖν	οῖν.	τοῖν		οῖν.

DÉCLINEZ.

Sur μάρτυρ.	Sur φλόξ.	Sur πύρ.
μήν, ην-ός, mois.	φλέψ, ε6-ός, veine.	δάκρυ, υ-ος, larme.
θήρ, ηρ-ός, bête féroce.	ἐλπίς, ιδ-ος, espoir.	ἦτορ, op-ος, cœur.
κόλαξ, ακ-ος, flatteur.	νύξ, κτ-ός, nuit.	μέλι, ιτ-ος, miel.
σωτήρ, ῆρ-ος, sauveur.	πατρίς, ιδ-ος, patrie.	ἄρμα, ατ-ος, char.
ποιμήν, έν-ος, berger.	αἴξ, αἰγ-ός, chèvre.	γάλα, ακτ-ος, lait.(2)

(1) Pour φλογ-σι écrivez φλοξί par un ξ, selon la règle des lettres doubles. Selon cette même règle, φλόξ au nominatif et au vocatif singulier est mis pour φλόγ-σ.

(2) Pour abréger les difficultés qui souvent arrêtent les élèves dans l'étude des premiers élémens

Observations sur certains Cas.

Vocatif singulier.

Il est ordinairement semblable au nomin. μάρτυρ , Voc. μάρτυρ.

Il abrège souvent la voyelle longue du nom. πατήρ . . . . . πάτερ.

Il retranche σ après une diphthongue. . . . παῖς . . . . . . παῖ.

Il remplace quelquefois σ par ν . . . . Αἴας . . . . . . Αἴαν.

Accusatif singulier. Il est régulièrement terminé en α, mais il se termine en ν dans quelques noms en :

ις comme ὄρνις, oiseau, $\left\{ \begin{array}{l} \text{ὄρνιθ-α,} \\ \text{ὄρνι-ν.} \end{array} \right.$

υς comme κόρυς, casque, $\left\{ \begin{array}{l} \text{κόρυθ-α,} \\ \text{κόρυ-ν.} \end{array} \right.$

---

de la langue Grecque , nous ne croyons pas inutile de présenter ici une manière aussi simple que facile de remonter au nominatif d'un nom simple par la seule inspection de la dernière lettre de son radical, et d'indiquer en même temps les différentes terminaisons du nominatif singulier, qui, dans les noms simples de la troisième déclinaison, caractérisent les genres.

			Gén.	Nom.	
6 π φ	}	se change au nominatif en ψ,	ἄρα-6-ος, ὠ-π-ός, κατήλι-φ-ος,	ἄραψ . . . . ὤψ . . . . . κατῆ᷉λιψ . . .	Arabe. vue. échelle.
γ κ χ κτ	}	. . . . ξ,	φλό-γ-ος, κόρα-κ-ος, ὄνυ-χ-ος, ἄνα-κτ-ος,	φλόξ . . . . κόραξ . . . . ὄνυξ . . . . . ἄναξ	flamme. corbeau. ongle. prince.
δ τ θ	}	. . . . σ,	ἐλπί-δ-ος, γέλω-τ-ος, κόρυ-θ-ος,	ἐλπίς . . . . . γέλως . . . . κόρυς	espoir. le rire. casque.
ν		{ σ, { ν,	μέλα-ν-ος, φρε-ν-ός,	μέλας . . . . φρήν	noir. esprit.
ντ		{ σ, { ν,	γίγα-ντ-ος, λέο-ντ-ος,	γίγας . . . . λέων	géant. lion.
ρ se retrouve au nominatif . . .			μάρτυ-ρ-ος,	μάρτυρ . . .	témoin.

Exception. Dans les génitifs terminés en μα-τ-ος , si on retranche τ , dernière lettre du radical , on a , sans rien ajouter , le nominatif : σώμα-τ-ος, σῶμα (corps).

Exceptez encore les génitifs μέλι-τ-ος, γόνα-τ-ος, ἥπα-τ-ος, dont les nominatifs sont : μέλι (miel), γόνυ (genou) , ἧπαρ (foie) et quelques autres.

Terminaisons qui caractérisent les genres.

ψ , ξ , ν , terminent toujours des noms Masculins ou Féminins.

ρ , σ . . . . Masc. Fémin. ou Neutres.

α , ι , υ . . . . Neutres.

Datif plur. Il est toujours en σι, mais il faut observer ce qui suit :

S'il y a un ν devant σι, on le retranche . . . . . . Ἕλλην, Ἕλλη-ν-σι, Ἕλλη-σι.

S'il y a une des dentales δ , τ , θ , on la retranche. $\begin{cases} ἐλπίς, & ἐλπί-δ-σι, & ἐλπί-σι. \\ σῶμα, & σώμα-τ-σι , & σώμα-σι. \\ κόρυς, & κόρυ-θ-σ ι , & κόρυ-σι. \end{cases}$

S'il y a le ν et une dentale, on retranche l'un et l'autre. γίγας, γίγα-ντ-σι, γίγα-σι.

Si, après ce retranchement, il reste ο, il se change en ου. λέων , λέο-ντ-σι , λέου-σι.

S'il reste ε, il se change en ει. . . . . χαρίεις, χαρίε-ντ-σι, χαρίει-σι*

NOMS CONTRACTES

ou dont le radical se termine par une voyelle.

On appelle contraction la réunion de deux voyelles en une seule syllabe.

Il ne peut y avoir contraction que lorsque deux voyelles se rencontrent, l'une à la fin du radical , l'autre au commencement de la terminaison.

Les noms dont le radical se termine par ι , υ , ω, ne souffrent pas contraction et se déclinent absolument comme les noms simples : δάκρυ, ος (1), (larme.)

Les noms dont le radical se termine par ε , ο, peuvent recevoir la contraction à tous leurs cas , excepté au datif pluriel dont la terminaison σι commence par une consonne (2).

Règles de Contraction.

1° εο , οο , se contractent en ου.

2° εἶ , εε . . . . ει.

3° εα , εε (au duel). . . . . . η.

4° οα . . . . ω.

---

* *Dialectes des noms simples de la troisième déclinaison.*

Singulier. Acc. Ἀπόλλω pour Ἀπόλλωνα . . . Attique.

Pluriel. Dat. μαρτύρ-εσι, εσσι . . . . Poétique.

(1) Les noms en υς dont le génitif est en υ-ος contractent υ-ες, υ-ας, en υς au pluriel, et font par conséquent, le nominatif , vocatif et accusatif semblables : ἰχθύ-ες, ἰχθύ-ας , ἰχθ-ῦς (poissons).

(2) Les noms qui ont à la fin du radical un ε sont très-nombreux, ceux qui ont un ο sont en petit nombre.

5° ε disparaît devant les voyelles longues et les diphthongues.

6° dans les noms contractés, l'accusatif pluriel est toujours semblable au nominatif et au vocatif.

OBSERVATION. Au reste, on ne contracte pas toujours les noms susceptibles de contraction ; souvent les poètes et même quelques prosateurs évitent la contraction et aiment le concours des voyelles.

MODÈLE DE DÉCLINAISON.

NOM FÉMININ.	NOM NEUTRE.
Singulier. τριήρης , galère.	τεῖχος , muraille.

N. ἡ τριήρης, la galère.   τὸ τεῖχος, la muraille.

V. τρίηρες,   τεῖχος,

G. τῆς τριήρ { ε-ος , ους, (1)   τοῦ τεῖχ { ε-ες, ους,

D. τῇ τριήρ { ε-ï , ει,   τῷ τεῖχ { ε-ι, ει,

A. τὴν { ε·α , η.   τὸ τεῖχος.

Pluriel.

N. αἱ { ε-ες, εις,   τὰ { ε-ᾰ, η,

V. { ε-ες , εις,   { ε-ᾰ, η,

G. τῶν τριήρ { έ-ων, ῶν,   τῶν τειχ { έ-ων, ῶν,

D. ταῖς { ε-σι,   τοῖς { ε-σι,

A. τὰς { ε-ας, εις.   τὰ { ε-ᾰ, η.

Duel.

N.A. τὰ { ε-ε, η,   τὸ { ε-ε, η,

V. τριήρ { ε-ε, η,   τειχ { ε-ε, η,

G.D. ταῖν { έ-οιν , οῖν. *   τοῖν { έ-οιν , οῖν.

---

(1) Dans τριήρε-ος , le radical, est τριήρε; mais nous avons fait passer ε après l'accolade pour le rapprocher de la voyelle de la terminaison avec laquelle il se contracte.

* Ce que nous avons déjà dit (pag. 19 , not. 2) , sur la manière de reconnaître le nominatif d'un nom simple par l'inspection de la dernière lettre de son radical, nous le répéterons encore ici

DÉCLINEZ.

Sur τρήρης.	Sur τεῖχος.
Les noms propres Δημοσθένης, Démosthène.	γένος, ε-ος, ους, naissance.
Σωκράτης, Socrate.	ὄρος . . . . montagne.
Ἀριστοφάνης, Aristophane.	ἄνθος . . . . fleur.
Περικλῆς ou Περικλέης, Périclès.	πέλαγος . . . . . . mer.

Observations sur certains Cas.

Vocatif sing. Il abrège la voyelle longue du nominatif et retranche le σ après les diphthongues. Les noms en ως et ω ont le vocatif et le datif singulier en οῖ et tout le pluriel comme λογός.

---

pour les noms contractes, nous y joindrons aussi un tableau des différentes terminaisons du nominatif, qui, dans cette déclinaison, caractérisent les divers genres.

			Gén.	Nom.	
ε indique un nomin.	très-souvent en	ος,	τείχ-ε-ος,	τεῖχος,	mur.
	moins souvent en	ης,	τριήρ-ε-ος,	τριήρης,	galère.
		ις,	πόλ-ε-ως,	πόλις,	ville.
		υς,	πελέκ-ε-ως,	πέλεκυς,	hache.
		ευς,	βασιλ-έ-ως,	βασιλεύς,	roi.
	rarement.	ι,	πεπερ-έ-ως,	πέπερι,	poivre.
		υ,	ἄστ-ε-ως,	ἄστυ,	ville.
ι indique un nominatif en.		ι,	σινήπ-ι-ος,	σινήπι,	antimoine.
		ις,	πόλ-ι-ος,	πόλις,	ville.
υ		υ,	δάκρ-υ-ος,	δάκρυ,	larme.
		υς,	ἰχθ-ύ-ος,	ἰχθύς,	poisson
ο		ω,	ἠχ-ό-ος,	ἠχώ,	écho.
		ως,	αἰδ-ό-ος,	αἰδώς,	pudeur.
ω . . . . ,		ως,	ἥρ-ω-ος,	ἥρως,	héros.

Terminaisons qui caractérisent les genres,

ευς termine toujours des noms Masculins.
ω . . . . Féminins.
ος, ι, υ. . . . . Neutres.
ης, ις, υς. . . . . Masculins et Féminins.

Génitif sing. Il se termine souvent par ως dans les noms contractes en :

ι........	πέπερι,	πεπέρε-ως,	poivre.
ις........	πόλις,	πόλε-ως,	ville.
υ........	ἄστυ,	ἄστε-ως,	ville.
υς........	πέλεκυς,	πελέκε-ως,	hache.
ευς......	βασιλεύς,	βασιλέ-ως,	roi.

Accusatif sing. Il est ordinairement en ν dans les noms contractes en :

ις........	πόλις,	πόλι-ν,	ville.
υς........	ἰχθύς,	ἰχθύ-ν,	poisson.
ους......	βοῦς,	βοῦ-ν,	bœuf.
αυς......	ναῦς,	ναῦ-ν,	vaisseau.

Datif plur. Les noms contractes, qui ont au nominatif une diphthongue suivie d'un σ, font le datif pluriel en ajoutant ι au nominatif singulier : βασιλεύς, βασιλεῦσι.

Tableau résumé de la troisième déclinaison.

	Singulier.			Pluriel.			Duel.		
	masc.	fém.	neutre.	masc.	fém.	neutre.	masc.	fém.	neutre.
N.V.	ψ, ξ, σ, ν, ρ, α, ι, υ, ω,			ες,		α,		ε,	
G.	ος,	ως,			ων,			οιν,	
D.		ι,			σι,			οιν,	
A.	α,		ν.	ας,		α.		ε.	

---

* *Dialectes des noms Contractes.*

Noms en ευς. Sing.	Nom.	βασιλ-ης pour βασιλ-ευς		Dorien.
	Gén.	ευς		Dorien.
		εως		Attique.
		ηος		Ionien, Poétique.
Plur. Datif.		ησι		Ionien, Poétique.
		εσι		Poétique.
		εεσσι		Poétique.
Noms en ως. Sing.	Gén.	αἰδ-ῶς pour αἰδ-όος, οῦς. .		Éolien.
	Acc.	ῶν		Éolien.
		οῦν		Ionien.

NOMS IRRÉGULIERS.

Quelques noms en ηρ de la troisième déclinaison font le datif pluriel en ασι; à ce cas ils perdent toujours l'ε du radical, et plusieurs le perdent aussi à d'autres cas du singulier ou du pluriel.

ἀστήρ, astre, ne le perd qu'au datif pluriel : ἀστρ-άσι,

πατήρ, père,			Génit.	πατρ-ός, μήτρ-ος.
μήτηρ, mère,	le perdent au	Sing.	Datif.	πατρ-ί.
γαστήρ, estomac,		Pluriel.	Datif.	πατρ-άσι.

NOTA. γαστήρ fait le plus souvent γαστήρ-σι au datif pluriel.

			Gén.	θύγατρ-ος, Δημήτρος
		Sing.	Dat.	θύγατρ-ι,
θυγάτηρ, fille,	le perdent au		Acc.	θύγατρ-α,
Δημήτηρ, Cérès,		Pluriel.	Nom.	θύγατρ-ες,
			Dat.	θύγατρ-άσι.

ἀνήρ (homme), le perd à tous les cas, excepté au vocatif singulier, et le remplace partout par un δ euphonique :

	Singulier.	Pluriel.	Duel.
N.	ἀνήρ, homme.	ες,	ε,
V.	ἄνερ,	ες,	ε,
G.	ἄνδρ ός,	ἄνδρ ῶν,	ἄνδρ οῖν,
D.	ἄνδρ ι,	ἄνδρ άσι,	ἄνδρ οῖν,
A.	α.	ας.	ε.

Quelques noms neutres en ας dont le génitif est en ατος, perdent le τ à tous les cas et contractent ensuite αο en ω; αα, αε en α et souscrivent ι, Ex.

	Singulier.	Pluriel.	Duel.
N.V.A.	κρέας, chair. *	α-τα, αα, α,	α-τε, αε, α,
G	κρέ α-τος, αος, ως,	κρέ ά-των, άων, ῶν,	κρέ ά-τοιν, άοιν, ῷν,
D.	κρέ α-τι, αϊ, .	α-σι.	ά-τοιν, άοιν, ῷν.

---

* AUTRES NOMS IRRÉGULIERS.

ἄρς, ἀρνός (agneau), fait au datif pluriel ἀρνάσι.

κύων (chien), voc. κύον, perd l'ο du radical à tous les autres cas : κυνός, ί, α, etc.

χείρ (main), perd toujours ι au d. p., χερσί et quelquefois aux autres cas : χερός, ί.

γυνή (femme), V. γύναι, forme les autres cas du nominatif inusité : γύναιξ, αικός.

Noms masculins au singulier et neutres au pluriel : δεσμός (lien), σῖτος (froment),

CHAPITRE TROISIÈME.

ADJECTIFS.

Les Adjectifs accompagnent et modifient les substantifs, se déclinent comme eux et prennent même genre, même nombre, même cas Les adjectifs se divisent en trois classes :

Première Classe.

Règle générale. La première classe renferme les adjectifs qui tirent leurs terminaisons de la *Première* et de la *Seconde* déclinaison. Parmi ces adjectifs, les uns ont trois terminaisons, une pour chaque genre, les autres n'en ont que deux, une pour le masculin et le féminin, et une pour le neutre.

τάρταρος (enfer), font au pluriel δεσμά, σῖτα, τάρταρα, et quelques autres.
Noms qui suivent deux déclinaisons : υἱός, οῦ (fils) et υἱεύς, έος; δένδρον, ου (arbre et δένδρος, εος; φύλαξ, ακος (gardien) et φύλακος, ου.

Ζεύς (Jupiter), n'a que le sing. il fait : { Δι-ός, Δι-ί, Δι-ά, communément.
{ Ζη̨ν-ός, Ζην-ί, Ζῆ̨ν-α, poétiquement.

Ἰησοῦς, acc. Ἰησοῦν, voc. gén. dat. Ἰησοῦ.

DÉFECTUEUX.

Noms usités au nominatif singulier seulement: ὄφελος, (avantage).
Noms usités au nominatif et accusatif singulier : ὄναρ (songe), ὕπαρ (vision), δέμας (corps), λῖς, λῖν (lion).
Noms usités au pluriel seulement : οἱ ἐτεσίαι (les vents étésiens), τὰ διονύσια (les fêtes de Bacchus).

INDÉCLINABLES.

Τὸ πάσχα, τοῦ πάσχα (la pâque).
Noms de lettres : ἄλφα, βῆτα (on trouve γάμμα, ατος ; σίγμα, ατος).
Nombres cardinaux : πέντε (cinq), etc.
Noms qui perdent la dernière syllabe : δῶ pour δῶμα (palais), etc.
Noms qui ajoutent à leur radical la syllabe φι *ou* φιν.
On met ηφι pour les noms de la 1re déclinaison : βιήφι   pour βία (force).
.... οφι pour ceux de la 2e .... στρατόφι   στρατός (armée).
.... σφι pour ceux de la 3e .... ὄχεσφι   ὄχος (char).

Règles particulières :

1° Les adjectifs à trois terminaisons se déclinent comme :

λόγος   au masc. ἀγαθός, bon.
κεφαλή au fém. ἀγαθή, bonne.
δῶρον au neut. ἀγαθόν, bon.

2° Les adjectifs à deux terminaisons se déclinent comme :

λόγος { au masc. κόσμιος, élégant.
       { au fém. κόσμιος, élégante
δῶρον au neut. κόσμιον, élégant.

MODÈLE DE DÉCLINAISON.

ADJECTIF A TROIS TERMINAISONS. || ADJECTIF A DEUX TERMINAISONS.

Singulier. ἀγαθός, bon, masc. — ἀγαθή, bonne, fém. — ἀγαθόν, bon. neutre. || κόσμιος, élégant, élégante, masc. fém. — κόσμιον, élégant. neutre.

	masc.	fém.	neutre	masc.	fém.	neutre
N.	ός,	ή,	όν,	ος,	ος,	ον,
V.	έ,	ή,	όν,	ε,	ε,	ον,
G.	ἀγαθ οῦ,	ἀγαθ ῆς,	ἀγαθ οῦ,	κόσμι ου,	κόσμι ου,	κόσμι ου,
D.	ῷ,	ῇ,	ῷ,	ῳ,	ῳ,	ῳ,
A.	όν,	ήν,	όν.	ον,	ον,	ον.

Pluriel.

N.	οἱ,	αἱ,	ά,	οι,	οι,	α,
V.	οἱ,	αἱ,	ά,	οι,	οι,	α,
G.	ἀγαθ ῶν,	ἀγαθ ῶν,	ἀγαθ ῶν,	κόσμι ων,	κόσμι ων,	κόσμι ων,
D.	οῖς,	αῖς,	οῖς,	οις,	οις,	οις,
A.	οὺς,	άς,	ά.	ους,	ους,	α.

Duel.

N.A.	ώ,	ά,	ώ,	ω,	ω,	ω,
V.	ἀγαθ ώ,	ἀγαθ ά,	ἀγαθ ώ,	κοσμί ω,	κοσμί ω,	ω,
G.D.	οῖν,	αῖν,	οῖν.	οιν,	οιν,	οιν.

DECLINEZ.

Sur ἀγαθός.

ὀρικός, ή, όν, montueux.
φαῦλος, η, ον, vil.

Sur κόσμιος.

εὐδόκιμος, ον, estimable.
μόρσιμος, ον, fatal.

Sur ἀγαθός.				Sur κόσμιος.		
ὅλος,	η,	ον,	entier.	ἀγένειος,	ον,	imberbe.
ποικίλος,	η,	ον,	bigarré.	ἔτυμος,	ον,	véridique.
γυμνός,	ή,	όν,	nu.	λιτουργός,	όν,	scélérat.
καλός,	ή,	όν,	beau.	ἀθάνατος,	ον,	immortel.
φίλος,	η,	ον,	cher.	ἔνδοξος,	ον,	illustre.
κακός,	ή,	όν,	mauvais.	ἀΐδιος,	ον,	éternel.
σοφός,	ή,	όν,	sage.	βασίλειος,	ον,	royal.

OBSERVATIONS.

1° Les adjectifs à trois terminaisons, dont le radical se termine par une voyelle ou un ρ, prennent α au féminin comme ἡμέρα.

2° Les adjectifs attiques se déclinent comme les adjectifs à deux terminaisons, mais en observant les règles déjà données pour les noms attiques de la seconde déclinaison. Exemples des uns et des autres :

ἄγιος,	α,	ον,	saint.	ἵλεως,	ων,	propice.
ἀξίος,	α,	ον,	digne.	εὔγεως,	ων,	fertile.
μικρός,	ά,	όν,	petit.			

Deuxième Classe.

Règle générale. La seconde classe renferme les adjectifs qui prennent les terminaisons de la *troisième* déclinaison ; elles sont les mêmes pour les trois genres ; parmi ces adjectifs, il y en a de *simples* et de *contractes*.

Règles particulières.

1° Le neutre de tous ces adjectifs diffère du masculin et du féminin par les trois cas semblables du *singulier* qui font toujours la dernière syllabe brève (1), et par ceux du *pluriel* qui sont en α comme dans les noms.

2° Les adjectifs contractes suivent les mêmes règles de contraction que les noms de la troisième déclinaison.

---

(1) Les adjectifs qui ont ω ou η au nominatif masculin et féminin, le remplacent par ο ou ε au nominatif neutre : εὐδαίμων, masculin et féminin ; εὔδαιμον, neutre. Ἀληθής, fait au neutre ἀληθές. Les adjectifs en ης sont contractes. Les adjectifs en ις et υς perdent le σ au neutre : εὔχαρις, neutre εὔχαρι ; ἄδακρυς, neutre ἄδακρυ. Ceux en υς font l'accusatif masculin et féminin en ν, ἄδακρυν.

MODÈLE DE DÉCLINAISON.

ADJECTIF SIMPLE.			ADJECTIF CONTRACTE.	
Sing. εὐδαίμων,	εὔδαιμον,		ἀληθής,	ἀληθές.
heureux, heureuse,	heureux.		vrai, vraie,	vrai.
masc. fém.	neut.		masc. fém.	neutre.

	ADJECTIF SIMPLE		ADJECTIF CONTRACTE	
N. εὐδαίμων,	εὔδαιμον,		ἀληθής,	ἀληθές,
V. εὔδαιμον,	εὔδαιμον,		ἀληθές,	ἀληθές,
G.	ος,	ος,	ἐ-ος, οῦς,	ἐ-ος, οῦς,
D. εὐδαίμον { ι,	εὐδαίμον { ι,	ἀληθ { ἐ-ϊ, εῖ,	ἀληθ { ἐ-ϊ, εῖ.
A.	α,	εὔδαιμον.	ἐ-α, ῆ,	ἀληθές.

Pluriel.

N.	ες,	α,	ἐ-ες, εῖς,	ἐ-α, ῆ,
V.	ες,	α,	ἐ-ες, εῖς,	ἐ-α, ῆ,
G. εὐδαίμον { ων,	εὐδαίμον { ων,	ἀληθ { ἐ-ων, ῶν,	ἀληθ { ἐ-ων, ῶν,
D.	σι(1),	σι,	ἐ-σι,	ἐ-σι,
A.	ας,	α.	ἐ-ας, εῖς,	ἐ-α, ῆ.

Duel.

N.A.	ε,	ε,	ἐ-ε, ῆ,	ἐ-ε, ῆ,
V. εὐδαίμον { ε,	εὐδαίμον { ε,	ἀλήθ { ἐ-ε, ῆ,	ἀληθ { ἐ-ε, ῆ,
G.D.	οιν,	οιν.	ἐ οιν, οῖν,	ἐ-οιν, οῖν.

DECLINEZ.

Sur εὐδαίμων.			Sur ἀληθής.		
σώφρων,	ον,	prudent.	εὐγενής,	ές,	bien né.
ἐριαύχην,	εν,	fier.	ἀσθενής,	ές,	faible.
εὔχαρις,	ι,	gracieux.	εὐσεβής,	ές,	pieux.
ἄδακρυς,	υ,	qui ne pleure pas.	πλήρης,	ες,	plein.

Troisième Classe.

Règle générale. La troisième classe renferme les adjectifs qui tirent leurs terminaisons de la *première* et de la *troisième* déclinaison ; ils en ont deux, une pour le masculin et le neutre et l'autre pour le féminin. Elle renferme des adjectifs *simples* et *contractes*.

---

(1) Dites εὐδαίμοσι pour εὐδαίμονσι, le ν disparaissant devant la terminaion σι du datif pluriel.

Règles particulières.

1° Pour tous les adjectifs de cette classe, le *masculin* et le *neutre* se déclinent comme les noms de la troisième déclinaison, en observant toujours pour le neutre les trois cas semblables du singulier et du pluriel. Le *féminin* se décline comme ἡμέρα s'il est en α pur, et, s'il n'est pas en α pur, comme δόξα.

2° Les adjectifs de cette classe, en υς, εια, υ, sont susceptibles de contraction au masculin et au neutre, mais ils ne la reçoivent que très-rarement et seulement à quelques cas; ils font ordinairement l'accusatif singulier en ν.

MODÈLE DE DÉCLINAISON.

	ADJECTIF SIMPLE			ADJECTIF CONTRACTE.		
Sing.	πᾶς,	πᾶσα,	πᾶν.	ἡδύς,	ἡδεῖα,	ἡδύ.
	tout,	toute,	tout.	doux,	douce,	doux.
	masc.	fém.	neutre.	masc.	fém.	neutre.
N.	πᾶς (2),	α,	πᾶν,	ἡδύς,	α,	ἡδύ,
V.	πᾶς,	α,	πᾶν,	ἡδύς,	α,	ἡδύ,
G.		ός, πᾶσ ης,			έ-ος, ἡδεῖ ας,	έ-ος,
D.	πάντ ι,	η,	παντ ός, ί,	ἡδ έ-ῖ,	α, ἡδ	έ-ῖ,
A.	α,	αν,	πᾶν.	ἡδύν,	αν, ἡδύ.	

Pluriel.

N.	ες,	αι,	α,	έ-ες,	αι,	έ-α,
V.	ες,	αι,	α,	έ-ες,	αι,	έ-α,
G.	πάντ ων, πάσ ῶν,	πάντ ων,	ἡδ έ-ων, ἡδεῖ ων,	ἡδ έ-ων,	
D.	σι(1) αις,	σι,	έ-σι,	αις,	έ-σι,
A.	ας,	ας,	α.	έ-ας,	ας,	έ-α.

Duel.

N.A.	ε,	α,	ε.	έ-ε,	α,	έ-ε,
V.	πάντ ε, πασ α,	πάντ ε,	ἡδ έ-ε, ἡδεῖ α,	ἡδ έ-ε,	
G.D.	οιν,	αιν,	οιν.	έ-οιν,	αιν,	έ-οιν

(1) Dites πᾶσι au masculin et au neutre, ντ disparaissant devant σι du datif pluriel.

(2) Dans cette troisième classe d'adjectifs simples et contractes, le radical variant non seulement suivant les cas, mais encore suivant les genres, et le tableau pouvant offrir au singulier

DECLINEZ.

Sur πᾶς. Sur ἡδύς.

τέρην,	τέρεινα,	τέρεν,	tendre.
ἑκών,	ἑκοῦσα,	ἑκόν,	volontier.
χαρίεις,	χαρίεσσα,	χαρίεν,	gracieux.
μελιτόεις,	μελιτόεσσα,	μελιτόεν,	de miel.
μελιτοῦς,	μελιτοῦσσα,	μελιτοῦν,	

γλυκύς,	εῖα,	ύ,	doux.
βαθύς,	εῖα,	ύ,	profond.
ὀξύς,	εῖα,	ύ,	aigu.
θῆλυς,	εια,	υ,	féminin.
ἥμισυς,	ειά,	υ,	demi.

REMARQUE. La terminaison υς du masculin est employée quelquefois pour le féminin, Ex. ἡδὺς ἀυτμή (un soufle agréable).

Adjectifs irréguliers.

ὄγδοος, η, ον (huitième), prend l'η au féminin au lieu de l'α des adjectifs en α pur, (ἅγιος, α, ον); il en est de même de ἁπλόος, η, ον (simple), et ses composés.

σῶς pour σάος (sain et sauf), se décline attiquement et n'est usité qu'au nominatif et accusatif singulier et pluriel.

πρᾶος, πραεῖα, πρᾶον (doux), se décline au singulier masculin et neutre comme le masculin et le neutre d'ἀγαθός, et au féminin comme le féminin de ἡδύς; au pluriel comme les trois genres du pluriel de ἡδύς : πραέ-ες, εῖ-αι, έ-α.

πολλός, ή, όν (nombreux), se décline sur ἀγαθός, mais il prend ordinairement au nominatif et accusatif singulier masculin et neutre, souvent même aux autres cas, les terminaisons de ἡδύς : πολύς, πολλή, πολύ. Le féminin est toujours πολλή.

μεγάλος, η, ον (grand), se décline comme ἀγαθός, excepté à deux cas : Au nominatif singulier qui fait μέγας, masculin, μέγα, neutre (pour μεγάλος, ον).

A l'accusatif singulier qui fait μέγαν masculin et μέγα neutre (pour μεγάλον.

---

quelques difficultés à l'élève, nous donnons ici un second tableau de ce singulier où le radical se trouve répété à chaque terminaison :

N.	πᾶς,	πᾶσ-α,	πᾶν,	N. ἡδύς,	ἡδεῖ-α,	ἡδύ,	doux, agréable.
V.	πᾶς,	πᾶσ-α,	πᾶν,	V. ἡδύ,	ἡδεῖ-α,	ἡδύ,	
G.	παντ-ός,	πάσ-ης,	παντ-ός,	G. ἡδέ-ος,	ἡδεῖ-ας,	ἡδέ-ος,	
D.	παντ-ί,	πάσ-ῃ,	παν-τί,	D. ἡδέ-ῖ,	ἡδεί-ᾳ,	ἡδέ-ῖ,	
A.	πάντ-α,	πᾶσ-αν,	πᾶν.	A. ἡδύν,	ἡδεῖ-αν,	ἡδύ.	

DEGRÉS DE SIGNIFICATION.

Il y a dans les adjectifs trois degrés de signification , savoir .

Le Positif . . . . *doux* , ἡδύς.

Le Comparatif. . . . . . *plus doux*, ἡδύ-τερος ου ἡδ-ίων.

Le Superlatif *très* ou *le plus doux* , ἡδύ-τατος , ἥδ-ιστος.

Le Comparatif et le Superlatif se forment du positif , en ajoutant les terminaisons qui leurs sont propres. Ils en ont deux :

Une très-usitée, savoir : τερος, α, ον (COMPARATIF), τατος, η, ον (SUPERLATIF*);

Une moins usitée, ιων, ιον (COMPARATIF), ιστος, η, ον (SUPERLATIF).

Exemples.

Positif ,	Comparatif ,	Superlatif.
κακός, (méchant.)	κακώ-τερος, α, ον.	κακώ-τατος, η, ον.
	κακ-ίων , ... ιον.	κάκ-ιστος, η, ον.
γλυκύς, (doux.)	γλυκύ-τερος, α, ον.	γλυκύ-τατος, η, ον.
	γλυκ-ίων , . . . ον.	γλύκ-ιστος, η, ον.

Tous les adjectifs peuvent prendre les terminaisons τερος et τατος; quelques uns seulement prennent les terminaisons ιων, ιστος.

---

* Ces terminaisons τερος et τατος forment souvent toute la terminaison des comparatifs et superlatifs; quelquefois aussi elles sont précédées d'une voyelle (ο ou ω), ou d'une syllabe (ες ou ις), suivant la terminaison de l'adjectif à son positif, et pour des raisons de quantité et d'euphonie.

Voici les principales règles. On ajoute :

τερος,	τατος,	au neutre des adjectifs en	ας, μέλας,	μελάν-τερος,	τατος.
			ης, εὐσεβής,	εὐσεβέσ-τερος,	τατος.
			υς, εὐρύς,	εὐρύ-τερος,	τατος.
ο-τερος,	ο-τατος,	au rad. des adj. en ος (pénul. long)	δικαῖ-ος,	δικαι-ό-τερος,	ό-τατος.
ω-τερος,	ω-τατος,	au rad. des adj. en ος (pénul. brèv)	σοφ-ός,	σοφ-ώ-τερος,	ώ-τατος.
εσ-τερος,	εσ-τατος,	au neutre des adj. en	ων, σώφρων,	σωφρον-έσ-τερος,	έσ-τατος.
			ην, τέρην,	τερεν-έσ-τερος,	έσ-τατος.
		au radical des adj. en	ος, ἐῤῥωμένος,	ἐῤῥωμεν-έσ-τερος,	έσ-τατος.
ισ-τερος,	ισ-τατος,	au radical des adj. en	ξ, βλάξ,	βλακ-ίσ-τερος,	ισ-τατος.
		au radical des adj. en	ος, λάλος,	λαλ-ίσ-τερος,	ίσ-τατος.
			ης, ψευδής,	ψευδ-ίσ-τερος,	ισ-τατος.

Les adjectifs en εις rejettent ι et prennent τερος, τατος : χαρίεις, χαριέσ-τερος.

Observations.

1° Quelques comparatifs et superlatifs se forment :
d'un substantif : βασιλεύς (roi); βασιλεύ-τερος (plus royal); etc.
d'un adverbe : ἄνω (en haut); ἀνώ-τερος (supérieur); etc.
d'une préposition : πρό (devant) ; πρώ-τατος ou πρῶτος (premier).

2° Quelques comparatifs et superlatifs en ιων, ιστος prennent encore la terminaison τερος et τατος :

καλλ-ίων (plus beau) fait aussi καλλιώ-τερος ,
ἐλάχ-ιστος (très-petit) fait aussi ἐλαχιστό-τατος.

3° Les Comparatifs en τερος , α , ον, et les Superlatifs en τατος, η, ον, ou ιστος, η, ον se déclinent comme ἀγαθός, (τερος a le féminin en α pur) ; mais les Comparatifs en ιων, ιον, se déclinent comme εὐδαίμων ; Ex. : ἡδίων (plus doux), gén. ἡδίον-ος, dat. ἡδίον-ι, etc. ; il faut excepter :

Au sing. l'accusatif qui fait......... ἡδί-ω m. f. *pour* ἡδί-ονα.

Au plur. les cas semblables qui font { ἡδί-ους m. f. *pour* ἡδί-ονες, ἡδίονας
{ ἡδί-ω n. *pour* ἡδί-ονα.

Comparatifs Irréguliers.

Positif.	Comp.	Super.	Positif.	Comp.	Super.
	ἀμείνων,		μέγας (grand),	μείζων,	μέγιστος (rég.)
	ἀρείων,	ἄριστος.	μικρός (petit),	ἥσσων,	ἥκιστος.
ἀγαθός (bon)	βελτίων,	βέλτιστος*	ταχύς (prompt),	θάσσων,	τάχιστος (rég.)
	κρείσσων,	κράτιστος.	πολύς (nombreux),	πλείων,	πλεῖστος.
	λώων,	λῷστος.	ὀλίγος (peu nomb.),	ὀλίζων,	ὀλίγιστος (rég.)
κακός (méchant),	χείρων,	χείριστος.	ῥάδιος (facile),	ῥάων,	ῥᾷστος.

---

* *Dialectes des Comparatifs et Superlatifs irréguliers.*

Pour	{ βελτίων dites βέλτερος . . poétiq.		Pour ἥσσων dites.	{ ἥττων. . attiq.	
	{ βέλτιστος . . { βέλτατος. . poétiq.			{ ἕσσων. . ionien.	
	{ βέντιστος . dorien.		Pour θάσσων . . . θάττων. attiq.		
	{ κρείττων . . attiq.		Pour πλείων. . . . { πλέων. . attiq.		
Pour κρείσσων . . { κρέσσων . . ionien.			{ πλεῶν. . ionien.		
	{ κάρρων. . . dorien.		Pour χείρων. . . . χερείων. ionien.		
Pour	{ λώων.. . . . λωίων. . . ionien.		Pour	{ ῥάων . . . ῥηίων. . ionien.	
	{ λῷστος.. . . λώιστος. . . ionien.			{ ῥᾷστος . . . ῥηίστος. ionien.	

ADJECTIFS NUMÉRAUX.

Il y a deux sortes de nombres, savoir ;
Les nombres *Cardinaux* qui indiquent la quantité : *un, deux,* etc.
Les nombres *Ordinaux* qui désignent l'ordre : *premier, second,* etc.

NOMBRES CARDINAUX.

Unités.		Dizaines.		Centaines, mille, etc.	
εἷς,	un.	δέκα,	dix.	ἑκατόν,	cent.
δύο,	deux.	εἴκοσι,	vingt.	διακόσιοι,	deux cents.
τρεῖς,	trois.	τριάκοντα,	trente.	τριακόσιοι,	trois cents.
τέσσαρες*,	quatre.	τεσσαράκοντα,	quarante.	τεσσαρακόσιοι,	quat.cents.
πέντε,	cinq.	πεντήκοντα,	cinquante.	πεντακόσιοι,	cinq cents.
ἕξ,	six.	ἑξήκοντα,	soixante.	ἑξακόσιοι,	six cents.
ἑπτά,	sept.	ἑβδομήκοντα,	soixante-dix.	ἑπτακόσιοι, etc.	sept cents.
ὀκτώ,	huit.	ὀγδοήκοντα,	quatre-vingts.	χίλιοι,	mille.
ἐννέα,	neuf.	ἐννενήκοντα,	quatre-vingt-dix.	μύριοι, etc.	dix mille.

Les quatre premiers nombres se déclinent de la manière suivante :

Un, une, un.			Deux.		Trois.		Quatre.		
masc.	fém.	neut.	mas.fém. neut.		masc.fém.	neut.	masc. fém.		neut.
N. εἷς,	μί-α,	ἕν,	δύο ou δύω,		τρεῖς,	τρί-α,	τέσσαρ-ες,		τέσσαρ-α,
G. ἑν-ός,	μι-ᾶς,	ἑν-ός,	δυοῖν,	δυεῖν,	τρι-ῶν, } p. les 3 genr.		τεσσάρ-ων, } p. les 3 genr.		
D. ἑν-ί,	μι-ᾷ,	ἑν-ί,	δυοῖν,	δυσί,	τρι-σί, }		τέσσαρ-σι, }		
A. ἕν-α,	μί-αν,	ἕν.	δύο,	δύω.	τρεῖς,	τρί-α.	τέσσαρ-ας,		τέσσαρ-α.

(On trouve δύο employé à tous les cas et dans tous les genres.)

---

* Dialectes des Nombres Cardinaux.

τέσσαρες fait	τέτταρες.... attiq.		εἴκοσι fait	ἐείκοσι..... poétiq.
	τέττορες.... dorien.			εἴκατι...... dorien.
	τέσσερες.... ionien.		τριά-κοντα.... τριή-κοντα. .. ionien.	
	πέσυρες.... éolien.		τρια-κόσιοι... τριη-κόσιοι... ionien.	
	πίσυρες.... poétiq.		ὀγδοή-κοντα.. ὀγδώ-κοντα .. poétiq.	

Les nombres au-dessus de cent se déclinent comme le pluriel de
ἀγαθός. Ex. : διακόσιοι, αι, α ; χίλιοι, αι, α , etc.

REMARQUES.

1° Pour former les divers nombres au-dessus de 10, on place le plus
petit après le plus grand : δέκα ἑπτά (dix-sept), εἴκοσι ἑπτά (vingt-
sept). Il faut excepter ἕνδεκα (onze) et δώδεκα pour δυώ-δεκα (douze.)
A partir de 30, on sépare les deux nombres par la conjonction καί.
Ex. : τριάκοντα καὶ ἕν (trente-un), etc.

2° Toutes les dizaines, excepté les deux premières, sont terminées en
κοντα, et sont indéclinables.

Les centaines, sauf la première, sont terminées en κόσιοι, αι, α, et
se déclinent.

NOMBRES ORDINAUX.

Unités.		centaines, mille, etc.	
πρῶτος ,	premier.	δέκατος ,	dixième.
δεύτερος,	second.	εἰκοστός,	vingtième.
τρίτος,	troisième.	τριακοστός,	trentième , etc.
τέταρτος,	quatrième.	ἑκατοστός ,	centième.
πέμπτος ,	cinquième.	διακοσιοστός ,	deux centième , etc.
ἕκτος,	sixième, etc.	χιλιοστός,	millième.
ἔννατος,	neuvième.	μυριοστός ,	dix millième.

REMARQUES.

1° Tous ces nombres se déclinent comme ἀγαθός, ή , όν ; excepté δεύτερος
qui fait δεύτερα au féminin.

Au-dessus de la première dizaine δέκατος, ils se terminent tous en
οστός ou κοστός ou κοσιοστός.

2° Pris substantivement , ils se terminent en ας, αδος. Ex. : δέκας, αδος
(dizaine) ; ἑκατόντας, αδος (centaine).

Pris adverbialement, ils se terminent en ακις. Ex. : τετράκις (quatre
fois) ; il faut excepter les trois premiers qui font : ἅπαξ, δίς, τρίς (une,
deux, trois fois).

3° Les multiples sont ordinairement terminés en πλοῦς ou πλάσιος. Ex. :
τετραπλοῦς, τετραπλάσιος (quadruple), δεκαπλοῦς, δεκαπλάσιος (décuple). (1)

_____

(1) Voyez à la fin de la syntaxe la manière d'écrire les nombres avec les lettres de l'alphabet grec.

ADJECTIFS DÉMONSTRATIFS.

1° ὁ, ἡ, τό, *le, la, le.* C'est l'article déjà décliné.

2° ὅγε, ἥγε, τόγε, *celui-ci, celle-ci, ceci.*

3° ὅμεν, ἥμεν, τόμεν, *celui-ci, celle-ci, ceci.*

4° ὅδε, ἥδε, τόδε, *celui-là, celle-là, cela.*

Ces trois derniers adjectifs sont formés des particules indéclinables γε, μεν, δε, ajoutées à l'article qui seul se décline. ὅμεν, ὅδε sont ordinairement en opposition : *celui-ci, celui-là.*

5° ἐκεῖνος, ἐκείνη, ἐκεῖνο, *celui-là, celle-là,* se décline comme ἀγαθός ; mais ne prend pas le ν au neutre singulier.

6° αὐτός, αὐτή, αὐτό, *lui, elle, lui-même, elle-même* se décline comme le précédent, et garde toujours l'esprit doux.

7° Οὗτος, αὕτη, τοῦτο, *celui-ci, celle-ci, ceci,* se décline encore comme les précédens. Formé de l'article et de αὐτός, il prend le τ partout où le prend l'article ; il prend aussi la diphthongue ου partout où l'article a ο ou ω ; ailleurs il prend la diphthongue αυ ; il a l'esprit rude au nominatif masc. et fém. du singulier et du pluriel. Ex. :

	Singulier.			Pluriel.		
Nom.	οὗτος,	αὕτη,	τοῦτο,	οὗτοι,	αὗται,	ταῦτα,
Gén.	τούτου,	ταύτης,	τούτου,	τούτων,	τούτων,	τούτων,
Dat.	τούτῳ,	ταύτῃ,	τούτῳ,	τούτοις,	ταύταις,	τούτοις,
Acc.	τοῦτον,	ταύτην,	τοῦτο.	τούτους,	ταύτας,	ταῦτα. *

ADJECTIFS CONJONCTIFS.

1° Ὅς, ἥ, ὅ, *qui, lequel, laquelle,* est absolument semblable à l'article et se décline comme lui ; mais il perd partout le τ, et le

---

* *Dialectes des adjectifs démonstratifs.*

1° ὅδε, ἥδε, τόδε fait ὅδι, ἥδι, τόδι. . . attique.

2° αὐτός, Sing.
{ Nom. { m. ωὐτός. . . ionien.
{ f. αὐτέη. . . ionien.
{ Gén. { m. αὐτέου. . ionien.
{ f. —έης. . . ionien.
{ n. —έου. . . ionien.

3° οὗτος. Sing. N. etc. { m. οὑτοσί. . attiq.
{ f. αὑτηί. . . attiq.
{ n. τουτοί. . attiq.

4° ἐκεῖνος. Sing. N. etc. { m. ἐκεινοσί. attiq.
{ m. κεῖνος. . poét.
{ m. τήνος. . . . dor.

remplace par l'esprit rude ; il fait ὅς au nominatif sing. masc. Ex. :

Singulier.

N. ὅς, ἥ, ὅ,	*lequel , laquelle , lequel.*
G. οὗ, ἧς, οὗ,	*duquel , de laquelle , duquel.*
D. ᾧ, ᾗ, ᾧ,	*auquel, à laquelle, auquel.*
A. ὄν, ἥν, ὅ.	*lequel, laquelle , lequel.*

Pluriel.

N. οἵ, αἵ, ἅ, etc., *lesquels , lesquelles, lesquels,* etc.

2° Ὅσπερ, ἥπερ, ὅπερ, même sens que le précédent.

3° Ὅστε, ἥτε, ὅτε, même sens encore que les précédens.

Ces deux adjectifs sont formés des particules indéclinables περ et τε , ajoutées à ὅς , ἥ , ὅ , qui seul se décline.

ADJECTIF INTERROGATIF.

Τίς , τί, *quel , quelle , quoi ?* se décline sur le modèle εὐδαίμων , et prend toujours l'accent aigu sur l'ι du radical : τίς , τίνος, τίνι, τίνα, etc.

ADJECTIFS INDÉFINIS.

1° Τὶς , τὶ, *quelque personne, quelque chose ,* est le même que l'adjectif interrogatif ; mais il prend l'accent grave au nominatif singulier.*

---

* *Dialectes des adjectifs conjonctif , interrogatif , indéfinis.*

CONJONCTIF.

ὅς. Sing.	Nom.	m. ὅ . . . . . . poétiq.
		f. ἅ. . . . . . . dorien.
	Gén.	m. ὅου . . . . . poétiq.
		f. τᾶς . . . . . dorien.
	Dat.	f. τᾷ . . . . . dorien.
	Acc.	f. τᾶν . . . . dorien.
Plur...	Dat.	m. οἷσι. . . . . poétiq.
		f. αἷσι, ᾗσι.. attiq.

INTERROGATIF.

τίς. Sing.	Gén.	m. τοῦ . . . . . attiq.
	Dat.	m. τῷ. . . . . . attiq.
Plur..	Nom.	n. ἄττα. . . . attiq.

INDÉFINIS.

1° τὶς. Sing.	Nom. m. του . . . . attiq.
	Dat. m. τῳ. . . . . attiq.

2° ὅστις. Sing.	Gén. m.	ὅτου. . . . attiq.
		ὅτεο. . . . ionien.
		ὅττεο. . . poétiq.
		ὅτευ. . . . dorien.
	Dat. m.	ὅτῳ. . . . attiq.
		ὅτεῳ . . . ionien.

Plur.	Gén. m.	ὅτων. . . . attiq.
		ὅτεων. . . ionien.
	Dat. m. ὁτίοισι. . ionien.

2° Ὅστις, ἥτις, ὅτι, *quiconque, quoique ce soit*, est formé du conjonctif ὅς et de l'indéfini τὶς, qui tous deux se déclinent. Ex. : Gén. οὗτινος, ἧστινος ; dat. ᾧτινι, ᾗτινι, etc.

3° Δεῖνα, *tel* ou *telle*, ordinairement indéclinable, se décline cependant quelquefois, comme il suit :

Sing. N. δεῖς (p. δεῖνα), G. δεῖνος, D. δεῖνι, A. δεῖνα.

Plur. N. δεῖνες,   G. δεῖνων, D. δεῖσι, A. δεῖνας. etc.*

ADJECTIFS CORRESPONDANS.

Trois sortes d'adjectifs, appelés *Interrogatifs, Antécédents* et *Relatifs,* se correspondent en grec, de telle manière, que les deux derniers servent de réponse au premier. Il y en a pour exprimer l'espèce, le nombre et l'âge. Ex. :

Interrog.	Antécéd.	Relatif.	Interrog.	Antécéd.	Relatif.
ποῖος ;	τοῖος,	οἷος.........	*quel* (genre)?	tel	que.....
πόσος ;	τόσος,	ὅσος.........	*combien* (nombreux)?	autant	que.....
πηλίκος ;	τηλίκος,	ἡλίκος.........	*combien* (grand)?	autant	que.. **

REMARQUE. Les interrogatifs sont toujours distingués par le π, les antécédents par le τ, les relatifs par l'esprit rude.

---

* On considère comme indéfinis les adjectifs composés qui suivent :

1° de μηδέ, οὐδέ, avec εἷς, μία, on forme :
μηδείς, μηδεμία, μηδέν, }
οὐδείς, οὐδεμία, οὐδέν, } aucun.

2° de μηδέ, οὐδέ, avec ἕτερος (autre) :
μηδέτερος, α, ον, } ni l'un ni l'autre.
οὐδέτερος, α, ον, }

3° de ἕκαστος (chacun) et ἄμφω (tous deux) :
ἑκάτερος, α, ον, } l'un et l'autre.
ἀμφότερος, α, ον, }

4° de ἕτερος :
πότερος, α, ον, } lequel des deux.
ὁπότερος, α, ον, }

De ἄλλος (autre) répété on forme l'indéfini suivant, qui se décline comme ἀγαθός, et n'a ni singulier ni nominatif pluriel. Ex. :

Plur. Gén. ἀλλήλων,   les uns des autres.
Dat. ἀλλήλοις, etc. les uns aux autres, etc.

** On trouve encore quelques autres antécédents et relatifs formés des précédents, savoir :

De τοῖος on forme τοιόσδε , τοιοῦτος.	De οἷος on forme ὁποῖος , ὁποιοσοῦν.
de τόσος............ τοσόσδε , τοσοῦτος.	de ὅσος............ ὁπόσος , ὁποσοσοῦν.
de τηλίκος .... τηλικόσδε , τηλικοῦτος.	de ἡλίκος.......... ὁπηλίκος , ὁπηλικοσοῦν.

CHAPITRE QUATRIEME.

PRONOMS.

Les Pronoms tiennent la place d'un nom , et désignent le rôle que chaque personne joue dans le discours; de là vient qu'on les nomme *personnels*. Il y a en grec trois pronoms personnels :

1° Le pronom de la première personne, ou de celle qui parle. Ex. : *Je , moi.*

2° Le pronom de la seconde personne, ou de celle à qui l'on parle. Ex.: *Tu , toi.*

3° Le pronom de la troisième personne, ou de celle dont on parle. Ex.: *Lui , elle.*

Remarque. Le pronom de la troisième personne s'exprime ordinairement par un des adjectifs démonstratifs cités plus haut : αὐτός, οὗτος , ἐκεῖνος ; quelquefois aussi il est réfléchi, et se décline comme les pronoms des deux premières personnes, mais il n'a jamais de nominatif.

PRONOM DE LA 1re PERSONNE.		PRONOM DE LA 2e PERSONNE.		PRONOM RÉFLÉCHI DE LA 3e PERSONNE.	
Sing.	je, moi.		tu, toi.		se, soi.
N.	ἐγώ, moi.		σύ, toi.		Point de Nominatif.
G.		οὗ,		οὗ,	οὗ,
D.	ἐμ { οἱ,		σ { οἱ,		οἷ,
A.		ἕ.		ἕ.	ἕ.
Plur.					
N.		εἷς, nous.		εἷς, vous.	Point de Nominatif
G.	ἡμ { ὧν,		ὑμ { ὧν,		σφ { ὧν, d'eux-mêmes,
D.		ἵν,		ἵν,	ἵν,
A.		ἄς.		ἄς.	ἄς.
Duel.					
N.A.	ν { ὤϊ,		σφ { ὤϊ,		σφ { ωέ, eux deux,
G.D.		ὤϊν.		ὤϊν.	ωίν.

Remarques.

1° Les pronoms personnels n'ont qu'une terminaison pour tous les genres, et cette terminaison est la même pour les trois pronoms, à chaque cas du singulier et du pluriel.

2⁹ Le pronom de la 3ᵉ personne prend toujours l'esprit rude au singulier, et fait souvent σφίσι au datif pluriel. Il est quelquefois employé dans le sens de αὐτός par les poètes, et alors il a le nominatif pluriel σφεῖς. *

PRONOMS RÉFLÉCHIS COMPOSÉS.

Des acc. sing. ἐμέ, σέ, ἕ, et de l'adjectif démonstratif αὐτός, on forme pour les trois personnes, des pronoms réfléchis qui se déclinent comme αὐτός, ή, ό, mais n'ont jamais de nominatif. Ex. :

Singulier	MASC.	FÉM.	NEUT.	
1ʳᵉ pers. G.	ἐμ-αυτοῦ,	ἐμ-αυτῆς,	ἐμ-αυτοῦ.	... de moi-même, etc.
2ᵐᵉ pers. G.	σε-αυτοῦ,	σε-αυτῆς,	σε-αυτοῦ.	... de toi-même,
3ᵐᵉ pers. G.	έ-αυτοῦ,	έ-αυτῆς,	έ-αυτοῦ.	... de soi-même.

REMARQUE. Le pronom de la 3ᵐᵉ personne a seul le pluriel formé régulièrement du singulier : G. έ-αυτῶν ; D. έ-αυτοῖς, etc. (d'eux-mêmes, à eux-mêmes). Au singulier, les pronoms σε-αυτοῦ et έ-αυτοῦ perdent ε à tous les cas, et font : σ-αυτοῦ, αὐτοῦ, ετc.

Pour le pluriel des pronoms des deux premières personnes, on décline séparément le pronom et l'adjectif. Ex. : G. ἡμῶν αὐτῶν (de

---

* *Dialectes des Pronoms personnels.*

		1ʳᵉ pers.	2ᵉ pers.	3ᵉ pers.	
Singulier.	Nom.	ἔγων........	τύ.........	....	dorien, éolien.
		ἔγωγε......	σύγε......	....	attique.
		ἐγώνη, ἐγώνγα.	τύνη, τύγα....	....	dorien.
	Gén.	ἐμέοθεν, ἐμέθεν.	σέοθεν, σέθεν..	ἔοθεν, ἔθεν....	attique, poét.
		ἐμέο, ἐμεῖο...	σέο, σεῖο.....	ἔο, εἶο......	poét., ionien.
		ἐμεῦ, μεῦ....	σεῦ, τεῦ.....	εῦ, οἶο, ἑοῖο...	dorien, éolien.
	Dat.	ἐμίν........	τοί.........	....	dorien.
	Acc.	....	τέ, τίν......	ἕε, μίν, νίν...	poét., dorien.
Pluriel....	Nom.	ἡμέες, ἡμεῖες..	ὑμέες, ὑμεῖες..	....	ionien, poétiq.
		ἄμες, ἄμμες...	ὕμες, ὕμμες...	....	dorien, éolien.
	Gén.	ἡμέων, ἡμείων.	ὑμέων, ὑμείων..	σφέων, σφείων..	ionien, poétiq.
		ἄμων, ἄμμων..	ὕμων, ὕμμων..	....	dorien, éolien.
	Acc.	ἄμμε........	ὕμμε........	σφέ, σφές, ψέ..	dorien, poét.

nous-mêmes); ὑμῶν αὐτῶν (de vous-mêmes). On trouve aussi pour la 3me personne, σφῶν αὐτῶν (d'eux-mêmes), etc.

PRONOMS POSSESSIFS.

La possession s'exprime ordinairement, en grec, par le génitif. Ex. : ὁ πατὴρ ἐμοῦ, *le père de moi* ou *mon père;* quelquefois cependant on emploie des adjectifs possessifs qui sont formés des trois pronoms personnels, auxquels on donne :

Les terminaisons ος, η, ον, pour le singulier.
Les terminaisons ετερος, α, ον, pour le pluriel. Ex. :

Singulier.	masc.	fém.	neutre.	
1re pers. N.	ἐμ-ός,	ἐμ-ή,	ἐμ-όν,	mien, mienne, mien.
2me pers. N.	σ-ός	σ-ή,	σ-όν,	tien, tienne, tien.
3me pers. N.	ἑ-ός,	ἑ-ή,	ἑ-όν,	sien, sienne, sien.

Pluriel.				
1e pers. N.	ἡμ-έτερος,	ἡμ-έτερα,	ἡμ-έτερον,	notre.
2me pers. N.	ὑμ-έτερος,	ὑμ-έτερα,	ὑμ-έτερον,	votre.
3me pers. N.	σφ-έτερος,	σφ-έτερα,	σφ-έτερον,	leur.*

Duel.				
1re pers. N.	νωΐ-τερος,	νωΐ-τερα,	νωΐ-τερον,	notre, (à nous deux).
2me pers. N.	σφωΐ-τερος,	σφωΐ-τερα,	σφωΐ-τερον,	votre, (à vous deux).

NOTA. La troisième personne du singulier ἑ-ός, ἑ-ή, ἑ-όν, se contracte quelquefois en ὅς, ἥ, ὅν avec l'esprit rude.

---

* Dialectes des pronoms possessifs.

Singulier.	2me pers.	N.	τ-ός,	τ-ή,	τ-όν........ dorien.
			τ-εός,	τ-εή,	τ-εόν....... poétique.

Pluriel.	1re pers. N.	ἀμ-ός,	ἀμ-ά,	ἀμ-όν...... dorien.
	2me pers. N.	ὑμ-ός,	ὑμ-ά,	ὑμ-όν...... dorien.
	3me pers. N.	σφ-ός,	σφ-ά,	σφ-όν...... dorien.
		σφ-εός,	σφ-εά,	σφ-εόν..... poétique.

CHAPITRE CINQUIÈME.

VERBE.

Le Verbe sert à exprimer que l'on *est* ou que l'on *fait* quelque chose.

Le même verbe peut prendre une signification active, ou passive, ou réfléchie ; de là trois voix dans le verbe grec : la voix *Active*, je délie, la voix *Passive*, je suis délié, la voix *Réfléchie* ou *Moyenne*, je me délie.

Dans chaque voix, le verbe grec, comme le verbe français, a des *Modes*, des *Temps*, des *Nombres* et des *Personnes*.

MODES. Il y en a six, savoir :

L'*Indicatif* qui exprime l'affirmation absolue : . . . . . *je délie.*

L'*Impératif* qui désigne le commandement : . . . . *délie.*

Le *Subjonctif* qui marque la subordination : (tu veux) *que je délie.*

L'*Optatif* qui marque le désir : . . . . (plût à Dieu) *que je déliasse.*

L'*Infinitif* qui exprime l'action en général : . . . . *délier.*

Le *Participe* qui tient du verbe et de l'adjectif : . . . . *déliant.*

TEMPS. Il y en a six, trois principaux qui donnent la division générale de la durée : *Présent*, *Passé* et *Futur;* trois secondaires qui ne sont que des nuances du temps passé.

TEMPS PRINCIPAUX.	TEMPS SECONDAIRES.	
Le Présent : *je délie.*	L'Imparfait :	*je déliais.*
Le Futur : *je délierai.*	L'Aoriste :	*je déliai.*
Le Parfait : *j'ai délié.*	Le Plus-que-parfait :	*j'avais délié.* (1)

NOTA. Il faut bien faire attention de ne pas confondre le mode avec le temps.

Le même mode peut avoir plusieurs temps ; Ex. : *Je lis, je lirai, j'ai lu* sont trois temps du même mode appelé Indicatif ; *lire, devoir lire, avoir lu* sont encore trois temps bien distincts du même mode qui est l'Infinitif.

NOMBRES. Il y a trois nombres dans le verbe comme dans le substantif, le *Singulier*, le *Pluriel* et le *Duel.*

---

(1) Outre ces temps communs à tous les verbes, quelques verbes ont une seconde manière d'exprimer le futur, le parfait, l'aoriste et le plus-que-parfait. Ces temps s'appellent futur second, parfait second, etc. Ils ont le même sens que le premier, et loin de compliquer la conjugaison du verbe grec, ils la rendent plus régulière, surtout dans la voix passive. Il ne faut pas confondre les temps seconds avec les temps secondaires.

Personnes. Chaque nombre a trois personnes. Ex. : sing. *je délie*, *tu délies*, *il* ou *elle délie* ; plur. *nous délions*, *vous déliez*, *ils* ou *elles délient* ; duel, *nous délions tous deux*, etc. (1)

Énoncer les différentes voix d'un verbe, avec leurs modes, leurs temps, leurs nombres et leurs personnes, c'est *Conjuguer*.

Il n'y a en grec qu'une seule *Conjugaison*. Elle est commune à tous les verbes : quelques-uns en offrent le type ou modèle ; tous les autres se conjuguent sur ceux-ci, mais avec quelques modifications ou changemens. De là deux divisions générales dans le verbe grec :

Le verbe *Type* ou modèle de tous les autres ;

Les verbes *Modifiés* ou qui se conjuguent sur le verbe type avec quelques modifications.

OBSERVATIONS.

Pour conjuguer le verbe grec il faut particulièrement remarquer cinq choses, savoir : le *Radical*, la *Terminaison*, la *Caractéristique*, l'*Augment* et le *Redoublement*.

Radical. Le radical, dans le verbe comme dans le nom, est la partie des mots invariable de sa nature. Quelquefois cependant il éprouve dans sa première ou sa dernière lettre une légère modification. (2)

Terminaison. La terminaison est la partie du mot qui varie suivant les voix, les modes, les temps, les nombres et les personnes, et qui sert à les distinguer. Elle a une ou plusieurs syllabes.

Souvent les terminaisons sont les mêmes pour tous les temps d'un même mode ; elles ne diffèrent alors entr'elles que par une lettre que l'on appelle *Caractéristique*.

Caractéristique. La caractéristique est une lettre qui, placée devant une terminaison commune à plusieurs temps, sert à distinguer un temps d'un autre ; ainsi, dans l'indicatif actif, la terminaison ω est commune au présent et au futur, qui ne diffèrent entr'eux que par le σ caractéristique du futur : présent, λύ-ω (je délie), futur, λύ-σ-ω (je délierai).

---

(1) Le duel n'a point de première personne dans la voix active, à tous les temps de tous les modes ; dans la passive, à l'aoriste de tous les modes, ainsi qu'au parfait du subjonctif et de l'optatif. Dans tous ces cas le duel est remplacé par la 1re pers. du pluriel.

(2) La première lettre du radical est quelquefois modifiée en se combinant avec l'augment temporel : ἀκούω fait ἤκουον à l'imparf. avec l'augment (entendre). La dernière peut aussi être modifiée en se combinant avec la terminaison, τρίϐ-ω fait au futur τρίψ-ω pour τρίϐ-σ-ω (broyer).

Augment *. L'augment est un ε qui se place devant le radical, à tous les temps secondaires , c'est-à-dire à l'imparfait , l'aoriste et le plus-que-parfait ; mais , au mode indicatif seulement ; il est syllabique ou temporel :

Syllabique , lorsque le radical commence par une consonne, parce qu'alors il ajoute une syllabe au verbe : présent , λύω , imparf. ἔ-λυον;

Temporel , lorsque le radical commence par une des voyelles α , ε , ο, alors il se contracte avec la première lettre du radical, et forme ainsi une voyelle longue qu'on met plus de temps à prononcer , de là lui vient le nom de *temporel.* L'augment ε se contracte :

1° Avec α, toujours en η, et s'il y a un ι, il se souscrit ; Ex. :

ἀνύτω ,   imparf.   ἤνυτον ,   achever.

αἰτέω , ... ᾔτεον ,   demander.

αὐξάνω , ... ηὔξανον. augmenter.

2° Avec ο, en ω , et l' ι se souscrit, s'il y en a un ; Ex.:

ὁρίζω ,   imparf.   ὥριζον ,   borner.

οἰκέω , ... ᾤκεον ,   habiter.

3° Avec ε , en η , quand cet ε est suivi d'une consonne ; Ex. :

ἐθέλω ,   imparf.   ἤθελον ,   vouloir.

---

* Observations sur l'Augment et le Redoublement.

Observation générale. L'augment soit syllabique, soit temporel, et le redoublement sont souvent retranchés par les poètes et les Ioniens : on dit λάϐε, ἀμείϐετο, pour ἔ-λαϐε , ἠμείϐετο ; δέγμαι pour δέ-δεγμαι.

Observations particulières.

Augment syllabique. 1° Il redouble toujours après lui le ρ, et quelquefois le δ ou autre consonne, dans les verbes qui commencent par ces mêmes lettres : ῥάπτω , imparf. ἔρ-ραπτον (coudre) ; δείδω , aor. ἔδ-δεισα (craindre).

2° Il se place devant quelques verbes commençant par une voyelle : ἄγω, aor. ἔ-αξα (conduire) ; ὠθέω , imparf. ἐ-ώθεον (pousser). ὁράω , (voir) prend aussi le syllabique, mais après avoir déjà pris le temporel : imparf. ἑ-ώραον.

3° Il change ε en η dans les trois verbes suivans : βούλομαι (vouloir), δύναμαι (pouvoir), μέλλω (devoir), qui font à l'imparf. ἠ-ϐουλόμην , ἠ-δυνάμην , ἤ-μελλον.

Augment temporel. 1° Il se retranche dans les quatre verbes suivans : ἄω (souffler), ἀίω (entendre) , ἀηδίζομαι (avoir du dégoût) , ἀηθέσσω (n'être pas accoutumé).

Les voyelles ι, υ, η, ω, et les diphthongues ει, ευ, ου, υι, n'éprouvent d'ordinaire aucun changement. (ηυ, ωυ ne se trouvent pas au commencement des verbes.)

REDOUBLEMENT. Le redoublement est l'augment ε devant lequel on répète la première consonne du radical au parfait de tous les modes. Ex. : prés. λύω, parf. λέ-λυκα ; prés. τίω, parf. τέ-τικα.

Les verbes dont le radical commence par une voyelle ne prennent pas de redoublement ; ils le remplacent par l'augment temporel. Le plus-que-parfait prend un second augment devant le redoublement. Ex. : ἐ-λε-λύκειν.

NOTA *sur le verbe substantif grec* Εἰμί. Cédant à l'usage et à la logique qui veulent que le verbe substantif soit placé avant tous les autres verbes qui sont attributifs, nous mettons ici le verbe Εἰμί

2° Dans quelques verbes commençant par οι : οἰμάω, imparf. ᾤμαον (se précipiter), et principalement dans les composés de οἶος (seul), οἴαξ (gouvernail), οἰωνός (oiseau), ainsi que dans ἑρμηνεύω (interpréter), qui commence par ε.

3° Dans quinze ou seize verbes commençant par ε, il se contracte en ει et non en η : ἔχω, imparf. εἶχον pour ἔ-εχον (avoir), etc.

4° Il contracte quelquefois la diphthongue ει en η, et la diphthongue ευ en ηυ : εἰκάζω (imaginer), imparf. ᾔκαζον ; εὔχομαι (prier), imparf. ηὐχόμην.

Redoublement. 1° Il est remplacé par l'augment syllabique dans les verbes qui commencent par une lettre double, un ρ, ou deux consonnes dont aucune n'est liquide : ψάλλω (chanter), parf. ἔ-ψαλκα ; ῥάπτω (coudre), ἔρ-ραφα ; σπένδω (faire des libations), ἔ-σπονδα ; mais on dit γέ-γραφα, de γράφω (écrire). On trouve quelques exceptions : πέ-πτοκα, de πτόω (tomber) ; ἔ-γλυφα, de γλύφω (graver).

2° Les verbes qui commencent par une aspirée redoublent, non l'aspirée, mais sa forte correspondante : φιλέω (aimer), parf. πε-φίληκα.

3° Le redoublement des verbes qui commencent par λ et μ est quelquefois en ει : λήθω, parf. εἴ-ληφα pour λέ-ληφα (prendre).

4° Les poètes placent souvent le redoublement à l'aoriste second : λήθω (être caché), aoriste 2 λέ-λαθον pour ἔ-λαθον.

5° Les Attiques ont un redoublement particulier qui consiste à répéter, dans les verbes qui commencent par une voyelle, les deux premières lettres du radical. Ex. : ἄρ-άρω, de ἄρω (ajuster). A l'aoriste 2 on met l'augment à la première syllabe, ἤρ-αρον ; au parf. 2 on le met à la seconde, ἄρ-ηρα. Dans ce dernier, l'augment remplace le redoublement.

Dans les verbes composés, l'augment et le redoublement se placent :

1° Après la préposition : προς-έ-τασσον, προσ-τέ-ταχα, de προστάσσω (ordonner) ;

2° Avant la préposition : ἐ-κάθ-ευδον, de καθ-εύδω (endormir) ;

3° Avant et après : ἠν-ώρθεον, de ἀν-ορθέω (redresser).

(être), quoique par ses terminaisons irrégulières, il trouvât sa place naturelle aux verbes irréguliers en μι. Mais nous le mettons au supplément, pour ne pas présenter tout d'abord aux commençans un verbe irrégulier.; aussi pensons-nous qu'il serait peut-être bon de ne le faire apprendre qu'après le verbe type. L'étude en serait alors plus facile, puisque les terminaisons du verbe type donnent plusieurs temps au verbe εἰμί. Au reste il est d'un si fréquent usage qu'il est nécessaire de l'apprendre immédiatement avant les verbes modifiés. Nous y reviendrons toutefois, lorsque nous traiterons des verbes irréguliers en μι; mais sans le conjuguer de nouveau. *

* VERBE ΕἸΜΊ.

		PRÉSENT.			FUTUR.			IMPARFAIT.		
INDICATIF.		Je suis, tu es, il est, etc.			Je serai, tu seras, il sera, etc			J'étais, tu étais, il était, etc.		
	S.	εἰμί,	εἰς, εἶ,	ἐστί.	ἔσομαι,	ἔσεσαι, ἔσῃ,	ἔσεται, ἔεται,	ἦν, ἤμην,	ἦς, ἦσθα,	ἦ, ἦν,
	P.	ἐσμέν,	ἐστέ,	εἰσί.	ἐσόμεθα,	ἔσεσθε,	ἔσονται.	ἦμεν,	ἦτε, ἦστε,	ἦσαν, ἦν ou ἦντο.
	D.	. . . . . ἐστόν,		ἐστόν.	ἐσόμεθον,	ἔσεσθον,	ἔσεσθον.	. . .	ἦτον, ἦστον,	ἤτην. ἤστην.
IMPÉRATIF.		Sois.								
	S.	. . . .	ἴσθι, ἔσο,	ἔστω.						
	P.	. . . . . ἔστε,		ἔστων. ἔστωσαν						
	D.	. . . . . ἔστον,		ἔστων.						
SUBJONCTIF.		Que je sois, etc.								
	S.	ὦ,	ᾖς,	ᾖ.						
	P.	ὦμεν,	ᾖτε,	ὦσι.						
	D.	. . . . . ἦτον,		ἦτον.						
OPTATIF.		Que je fusse, etc.			Que je dusse être, etc.					
	S.	εἴην,	εἴης,	εἴη.	ἐσοίμην,	ἔσοισο, ἔσοιο,	ἔσοιτο.			
	P.	εἴημεν, εἴμεν,	εἴητε, εἶτε,	εἴησαν. εἶεν.	ἐσοίμεθα,	ἔσοισθε,	ἔσοιντο.			
	D.	. . . . . εἴητον,		εἰήτην.	ἐσοίμεθον,	ἔσοισθον,	ἐσοίσθην			
INFINITIF.		Être. εἶναι.			Devoir être. ἔσεσθαι.					
PARTICIPE.		Étant.			Devant être.					
	S.	m. ὤν, f. οὖσα, n. ὄν,	g. ὄντος. g. οὔσης. g. ὄντος.		ἐσόμενος, ἐσομένη, ἐσόμενον,	g. ου. g. ης. g. ου.				

REMARQUES.

1° On trouve un autre imparfait : Sing. ἤμην, ἦσο, ἦτο; P. ἤμεθα, ἦσθε, ἦντο. Nous

ARTICLE PREMIER.

VERBE TYPE,

OU MODÈLE DE TOUS LES VERBES GRECS.

Tous les verbes , à radical absolument invariable , peuvent nous offrir le type ou modèle de la Conjugaison grecque ; λύω (je délie) est celui que nous choisissons.

---

avons donné la première personne du singulier et la troisième du pluriel comme seules usitées.

2° Le participe présent ὤν , οὖσα , ὄν se décline sur πάς , πάσα , πάν de la troisième classe d'adjectifs. Le participe futur ἐσόμενος , η , ον , sur ἀγαθός de la première classe.

3° Conjuguez sur εἰμί les composés suivans : πάρειμι (je suis présent) , ἄπ-ειμι (je suis absent) , etc. ; l'accent se retire sur la préposition. *

* Dialectes principaux du verbe substantif Εἰμί.

INDICATIF....	Présent.	S.	1re p.	ἔμμε , ἦμε	dorien , éolien.
			2e p.	ἔει.	poétique.
				ἔη , ἔσσι.	attique.
			3e p.	ἔνι.	dorien.
		P.		. . . ἔμεν , ἔτε , ἔασσι..	poétique.
				. . . εἰμές , ἐντί.	dorien
	Futur...	S.	1re p.	ἐσεῦμαι , ἔσσομαι.	éolien , poétique.
	Imparf..	S.	1re p.	ἔην , ἔης , etc. , ἦην , ἦης , etc....	poétique.
				ἔον , ἔες , etc. ἔσκον , ἔσκες , etc. .	poétique.
			2e p.	ἦα , ἔα , ἦ.	poét. , ionien; att.
		P.	2e p.	ἔατο , εἴατο.	ionien , poétique.
SUBJONCTIF .	présent. .	S......		ἔω , ἔῃς , etc.	ionien.
				εἴω , εἴῃς , etc.	poétique.
OPTATIF......	Présent.	S......		ἔοιμι , ἔοις , etc.	ionien , poétique.
	Futur. .	S......		ἐσσοίμην , etc.	poétique.
INFINITIF. . .	présent			ἔμμεναι.	éolien.
				ἔμεναι.	attique.
				ἔμεν.	ionien.
				ἤμεν , ἤμες.	dorien.
PARTICIPE...	Présent...			ἐών.	ionien.
				εἴς.	éolien.
	Futur...			ἐσσόμενος.	poétique.

VOIX ACTIVE.

Dans chaque mode de la voix active, presque tous les temps ont les mêmes terminaisons. Ces terminaisons sont en général celles du présent; seulement elles sont précédées, aux autres temps, de la caractéristique qui est propre à chacun d'eux : cette caractéristique est,

Dans les temps principaux, $\begin{cases} \sigma \text{ pour le futur.} \\ \varkappa \text{ pour le parfait.} \end{cases}$

Dans les temps secondaires, $\begin{cases} \sigma \text{ pour l'aoriste.} \\ \varkappa \text{ pour le plus-que-parfait.} \end{cases}$

Nota. L'aoriste change toujours en α la voyelle de la terminaison qui suit sa caractéristique σ, excepté à la troisième personne du singulier de l'indicatif, à la deuxième du singulier de l'impératif et au subjonctif tout entier.

Le duel n'a pas de première personne dans toute la voix active.

Avant de présenter le tableau entier de la voix active, nous allons, pour en faciliter l'étude, donner séparément le tableau de chaque mode. Il faudra réciter tous les temps d'un même mode, d'abord les principaux, ensuite les secondaires, avant de passer au mode suivant. Nous rapprochons toujours les temps qui ont des terminaisons semblables.(1)

INDICATIF.

L'Indicatif est le seul mode qui ait tous les temps principaux et secondaires. Pour ces six temps il a quatre terminaisons :

1° Le présent et le futur ont la même, seulement le futur a de plus sa caractéristique σ, prés. λύ-ω, fut. λύ-σ-ω.

2° Le parfait et l'aoriste ont aussi une même terminaison, mais elle est précédée de la caractéristique propre à chacun de ces temps; du $\varkappa$ pour le parfait, du σ pour l'aoriste; le parfait prend le redoublement, l'aoriste ne prend que l'augment : parf. λέλυ-κα, aor. ἔλυ-σ-α.

3° L'imparfait et le plus-que-parfait ont chacun une terminaison particulière. L'imparfait prend l'augment, le plus-que-parfait prend le redoublement et un second augment, ainsi que la caractéristique $\varkappa$. Ces deux derniers temps ne se trouvent qu'au seul mode de l'indicatif.

Observation. L'aoriste diffère du parfait à la troisième personne du pluriel, qui est en $\alpha\nu$ au lieu d'être en $\alpha\sigma\iota$, et à la troisième du duel, qui, ainsi qu'aux autres temps secnodaires, est en την au lieu d'être en τον.

---

(1) Retranchez dans les tableaux suivans l'accent du radical, quand il se trouve sur la terminaison.

Tableau de l'Indicatif.

		TEMPS PRINCIPAUX.				TEMPS SECONDAIRES.		
		PRÉSENT.	FUTUR.	PARFAIT.	AORISTE.	IMPARF.	PLUS-Q-PARF.
		Je délie, etc.	Je délierai.	J'ai délié.	Je déliai.	Je déliais.	J'avais délié.
S.	1ʳᵉ p.	λύ ω,	λύ σ-ω,	λέ-λυ κ-α,	ἔ-λυ σ-α,	ἔ-λυ ον,	ἐλε-λύ κ-ειν,
	2ᵉ p.	εις,	σ-εις,	κ-ας,	σ-ας,	ες,	κ-εις,
	3ᵉ p.	ει,	σ-ει,	κ-ε,	σ-ε,	ε,	κ-ει,
P.	1ʳᵉ p.	ομεν,	σ-ομεν,	κ-αμεν,	σ-αμεν,	ομεν,	κ-ειμεν,
	2ᵉ p.	ετε,	σ-ετε,	κ-ατε,	σ-ατε,	ετε,	κ-ειτε,
	3ᵉ p.	ουσι,	σ-ουσι,	κ-ασι,	σ-αν,	ον,	κ-εισαν,
D.	1ʳᵉ p.						
	2ᵉ p.	ετον,	σ-ετον,	κ-ατον,	σ-ατον,	ετον,	κ-ειτον,
	3ᵉ p.	ετον.	σ-ετον.	κ-ατον.	σ-άτην.	έτην.	κ-είτην.*

IMPÉRATIF.

L'impératif n'a que trois temps : deux principaux, savoir : le présent et le parfait ; et un secondaire, qui est l'aoriste.

1° Ces trois temps n'ont qu'une terminaison ; c'est toujours celle du présent précédée : au parfait du κ, et à l'aoriste du σ. L'aoriste ne prend plus l'augment, mais le parfait a toujours le redoublement ; prés. λύ-ε, parf. λέ-λυκε.

2° L'aoriste change de plus en α la première voyelle de la terminaison, et fait la 2ᵉ personne du singulier en ον et non pas en ε : λῦ-σ-ον.

L'impératif n'a de première personne à aucun temps.

Tableau de l'Impératif.

		PRÉSENT.	PARFAIT.	AORISTE.
		Délie.	Aie délié.	Aie délié.
S.	1ʳᵉ p.	. . . .	. . . .	. . . .
	2ᵉ p.	λύ ε,	λέ-λυ κ-ε,	λῦ σ-ον,
	3ᵉ p.	έτω,	κ-έτω,	σ-άτω,
P.	1ʳᵉ p.	. . . .	. . . .	. . . .
	2ᵉ p.	ετε,	κ-ετε,	σ-ατε,
	3ᵉ p.	έτωσαν,	κ-έτωσαν,	σ-άτωσαν,
D.	1ʳᵉ p.	. . . .	. . . .	. . . .
	2ᵉ p.	ετον,	κ-ετον,	σ-ατον,
	3ᵉ p.	έτων.	κ-έτων.	σ-άτων.

★ *Dialectes des temps de l'Indicatif.*

Présent
- Sing. 2ᵉ et 3ᵉ pers. λύ-ες, ε. dor.
- Sing. 2ᵉ et 3ᵉ pers. λύ-ης, η. éol.
- Plur. 2ᵉ pers. λύ-ομες.. dor.
- Plur. 3ᵉ pers. λύ-οντι.. dor.

Futur
- Sing. λυ-σῶ, σεῖς, etc. dor.
- Plur. 3ᵉ p. λύ-σευντι........... dor.

Aor. Sing. λύ-ασκον, ασκες, etc. éol.

Imparf. Sing. λύ-εσκον, εσκες, etc. poét.

SUBJONCTIF.

Le subjonctif, comme l'impératif, n'a que trois temps ; ce sont les mêmes ; ils n'ont aussi qu'une seule terminaison ; c'est exactement celle du présent précédée du κ au parfait , du σ à l'aoriste. Le parfait seulement prend le redoublement : prés. λύ-ω , parf. λελύ-κ-ω , aor. λύ-σ-ω.

Tableau du Subjonctif.

PRÉSENT.		PARFAIT		AORISTE.	
Que je délie.		Que j'aie délié.		Que j'aie délié.	
S. 1ʳᵉ p.	ω ,		κ-ω ,		σ-ω ,
2ᵉ p.	ης,		κ-ης ,		σ-ης ,
3ᵉ p.	η ,		κ-η ,		σ-η ,
P. 1ʳᵉ p.	ωμεν ,		κ-ωμεν ,		σ-ωμεν,
2ᵉ p. λύ	ητε ,	λε-λύ	κ-ητε ,	λύ	σ-ητε,
3ᵉ p.	ωσι,		κ-ωσι,		σ-ωσι,
D. 1ʳᵉ p.	. . . .		. . . .		. . . .
2ᵉ p.	ητον,		κ-ητον ,		σ-ητον ,
3ᵉ p.	ητον.		κ-ητον.		σ-ητον.

OBSERVATION. Les terminaisons du subjonctif sont semblables à celles du présent de l'indicatif , seulement la première voyelle brève est remplacée par sa longue correspondante , l'ι se souscrit et l'υ disparaît.*

OPTATIF.

L'optatif a quatre temps; les trois principaux, savoir : le présent, le futur et le parfait, et un secondaire, qui est l'aoriste.

Ces quatre temps n'ont qu'une terminaison ; c'est encore celle du présent précédée au futur de sa caractéristique σ, au parfait de κ et à l'aoriste du σ, après lequel on change en α la première voyelle de la terminaison ; le parfait a le redoublement : prés. λύ-οιμι, futur λύ-σοιμι, parf. λε-λύ-κοιμι, aoriste λύ-σαιμι.

Tableau de l'Optatif.

PRÉSENT.		FUTUR.		PARFAIT.		AORISTE.	
Que je déliasse.		Que je dusse délier.		Que j'eusse délié.		Que j'eusse délié.	
S. 1ʳᵉ p.	οιμι,		σ-οιμι ,		κ-οιμι ,		σ-αιμι ,
2ᵉ p.	οις ,		σ-οις ,		κ-οις,		σ-αις ,
3ᵉ p.	οι ,		σ-οι ,		κ-οι ,		σ-αι ,
P. 1ʳᵉ p.	οιμεν,		σ-οιμεν ,		κ-οιμεν,		σ-αιμεν ,
2ᵉ p. λύ	οιτε ,	λύ	σ-οιτε ,	λε-λύ	κ-οιτε ,	λύ	σ-αιτε ,
3ᵉ p.	οιεν ,		σ-οιεν,		κ-οιεν,		σ-αιεν ,
D. 1ʳᵉ p.	. . . .		. . . . .		. . . . .		. . . .
2ᵉ p.	οιτον,		σ-οιτον,		κ-οιτον .		σ-αιτον ,
3ᵉ p.	οίτην.		σ-οίτην.		κ-οίτην.		σ-αίτην. *

* Voir , à la page suivante, les dialectes du subjonctif et de l'optatif.

INFINITIF.

L'infinitif a quatre temps, les mêmes que ceux de l'optatif, et deux terminaisons. Le présent et le futur ont la même; c'est celle du présent, précédée du σ au futur. Le parfait et l'aoriste ont aussi la même qui est en αι, précédée au parfait du κ, à l'aoriste du σ. Il faut observer qu'entre la caractéristique du parfait κ, et sa terminaison αι, on a introduit euphoniquement la syllabe εν, et l'on a eu : κ-έν-αι.

Tableau de l'Infinitif.

PRÉSENT.	FUTUR.	PARFAIT.	AORISTE.
Délier.	Devoir délier.	Avoir délié.	Avoir délié.
λύ-ειν.	λύ-σ-ειν.	λε-λυ-κέναι.	λῦ-σαι.

PARTICIPE.

Le participe a quatre temps comme l'infinitif, ce sont les mêmes. Le présent et le futur n'ont qu'une terminaison, c'est toujours celle du présent qui, au futur, est précédée du σ. Le parfait et l'aoriste ont chacun une terminaison qu'ils font précéder de leur caractéristique particulière.

Tableau du Participe.

		PRÉSENT.	FUTUR.	PARFAIT.	AORISTE.
		Déliant.	Devant délier.	Ayant délié.	Ayant délié.
m.		ων ,		σ-ων,		κ-ώς ,		σ-ας,	
f.	λύ	ουσα ,	λύ	σ-ουσα ,	λε-λυ	κ-υῖα ,	λύ	σ-ασα ,
n.		ον.		σ-ον.		κ-ός ,		σ-αν. ★

REMARQUE. Tous ces participes se déclinent sur les adjectifs de la troisième classe : le présent, le futur et l'aoriste sur πᾶς , πᾶσα , πᾶν ; le parfait λελυ-κώς , λελυ-κότος ; λελυ-κυῖα, λελυ-κυίας, etc., sur ἡδύς, ἡδεῖα, etc.

★ *Dialectes principaux du Subjonctif, de l'Optatif, de l'Infinitif et du Participe.*

SUBJ.	Prés. S.	2ᵉ p. λύ-ησθα . . . . . ion., poét.	
		3ᵉ p. — ῃσι . . . . . . poétique.	
	Aoris. S.	. . . . λε-λύσω, εις, etc. ionien.	
OPTAT. Aor.	S.	2ᵉ p. λύ-σειας . . . . . éolien.	
		3ᵉ p. — σειε . . . . . . éolien.	
	P.	3ᵉ p. — σειαν . . . . . éolien.	

INFI.	Prés.	λυ-έμεναι . . . . attiq.
		—έμμεναι, εμμεν, ην. éol.
		—εν . . . . dor.
	Fut.	λε-λυ-εῖν . . . . . . ion.
PART	Prés.	m. λυ-έων, etc. . . ion.
		f. λύ-οισα , etc. . dor.
	Parf.	m. λε-λύκων, etc. . éol.
	Aor.	m. λύ-σαις, etc. . . dor.

TEMPS PRINCIPAUX.

MODES.			PRÉSENT.	FUTUR.	PARFAIT.
INDICATIF.	Sing.	1ʳᵉ p.	ω, je délie.	σ ω, je délierai.	κ α, j'ai délié.
		2ᵉ p.	εις,	σ εις,	κ ας,
		3ᵉ p.	ει,	σ ει,	κ ε,
	Plur.	1ʳᵉ p.	ομεν,	σ ομεν,	κ αμεν,
		2ᵉ p.	λύ ετε,	λύ σ ετε,	λελύ κ ατε,
		3ᵉ p.	ουσι,	σ ουσι,	κ ασι,
	Duel.	1ʳᵉ p.	. . . .	. . . .	. . . .
		2ᵉ p.	ετον,	σ ετον,	κ ατον.
		3ᵉ p.	ετον.	σ ετον.	κ ατον.
IMPÉRATIF.	Sing.	1ʳᵉ p.	. . . .		. . . .
		2ᵉ p.	ε, délie.		κ ε, aie délié.
		3ᵉ p.	ετω,		κ ετω.
	Plur.	1ʳᵉ p.	. . . .		. . . .
		2ᵉ p.	λύ ετε,	λελύ	κ ετε,
		3ᵉ p.	ετωσαν,		κ ετωσαν.
	Duel.	1ʳᵉ p.	. . . .		. . . .
		2ᵉ p.	ετον,		κ ετον,
		3ᵉ p.	ετων.		κ ετων.
SUBJONCTIF.	Sing.	1ʳᵉ p.	ω, que je délie.		κ ω, que j'aie délié
		2ᵉ p.	ῃς,		κ ῃς,
		3ᵉ p.	ῃ,		κ ῃ,
	Plur.	1ʳᵉ p.	ωμεν,		κ ωμεν,
		2ᵉ p.	λύ ητε,	λελύ	κ ητε,
		3ᵉ p.	ωσι,		κ ωσι,
	Duel.	1ʳᵉ p.	. . . .		. . . .
		2ᵉ p.	ητον,		κ ητον,
		3ᵉ p.	ητον.		κ ητον.
OPTATIF.	Sing.	1ʳᵉ p.	οιμι, que je déliasse	σ οιμι, que je dusse délier	κ οιμι, que j'eusse délié
		2ᵉ p.	οις,	σ οις,	κ οις,
		3ᵉ p.	οι,	σ οι,	κ οι,
	Plur.	1ʳᵉ p.	οιμεν,	σ οιμεν,	κ οιμεν,
		2ᵉ p.	λύ οιτε,	λύ σ οιτε,	λελύ κ οιτε,
		3ᵉ p.	οιεν,	σ οιεν.	κ οιεν,
	Duel.	1ʳᵉ p.	. . . .	. . . .	. . . .
		2ᵉ p.	οιτον,	σ οιτον,	κ οιτον,
		3ᵉ p.	οιτην.	σ οιτην.	κ οιτην.
INFINI-TIF.			λύ ειν, délier.	λύ σ ειν, devoir délier	λελύ κ εναι, avoir délié.
PARTICIPE.	m.		δṓν, déliant.	σ ων, devant délier.	κ ώς, ayant délié.
	f.		λύ ουσα,	λύ σ ουσα,	λελύ κ υῖα,
	n.		ον,	σ ον,	κ ός.

TEMPS SECONDAIRES.

		AORISTE.	IMPARFAIT.	PLUS-QUE-PARFAIT.
		σ α, je déliai.	ον, je déliais.	κ ειν, j'avais délié.
		σ ας,	ες,	κ εις,
		σ ε,	ε,	κ ει,
		σ αμεν,	ομεν,	κ ειμεν,
ἔλυ		σ ατε,	ἔλυ ετε,	ἐλελύ κ ειτε,
		σ αν,	ον,	κ εισαν,
		. . . .	. . . .	. . . .
		σ ατον,	ετον,	κ ειτον,
		σ άτην.	έτην.	κ είτην.
		σ ον, aie délié.		
		σ άτω,		
λύ		σ ατε,		
		σ άτωσαν,		
		σ άτων.		
		σ ω, que j'aie délié		
		σ ῃς,		
λύ		σ ῃ,		
		σ ωμεν,		
		σ ητε,		
		σ ωσι,		
		σ ητον,		
		σ ητον.		
		σ αιμι, que j'eus-se délié		
		σ αις,		
λύ		σ αι,		
		σ αιμεν,		
		σ αιτε,		
		σ αιεν,		
		σ αιτον,		
		σ αίτην.		
λύ		σ αι.	Avoir délié.	
λύ		σ ας,	Ayant délié.	
		σ ασα,		
		σ αν.		

RÉSUMÉ DES TERMINAISONS de chaque mode.

Ce mode n'a que 3 terminaisons pour les premiers temps, sauf les caractéristiques ; l'imparfait et le plus-que-parfait ont une termin. particulière.

Présent, ω, εις, etc.
Futur, σ-ω, σ-εις, etc.
Parfait, κ-α, ας, etc.
Aoriste, σ-α, ας, etc.
Imp. ον, ες.
Pl. q. p. ειν, εις.

Ce mode n'a qu'une terminaison pour les 3 temps, sauf les caractéristiques et l'α de l'aoriste.

Présent, ε, ετω, etc.
Parfait, κ-ε, ετω, etc.
Aoriste, σ-ω, ατω, etc.

Ce mode n'a qu'une terminaison pour les 3 temps, sauf les caractéristiques.

Présent, ω, ῃς, etc.
Parfait, κ-ω, ῃς, etc.
Aoriste, σ-ω, ῃς, etc.

Ce mode n'a qu'une terminaison pour les 3 temps, sauf les caractéristiques et l'α de l'aoriste.

Présent, οιμι, οις, etc.
Futur, σ-οιμι, οις, etc.
Parfait, κ-οιμι, οις, etc.
Aoriste, σ-οιμι, αις, etc.

Ce mode n'a que 3 terminaisons pour les 4 temps, sauf les caractéristiques.
Prés. ειν. | Parf. κ-εναι.
Fut. σ-ειν. | Aor. σ-αι.

Ce mode n'a que 3 terminaisons pour les 4 temps, sauf les caractéristiques
Prés. ων. | Parf. κ-ώς.
Fut. σ-ων. | Aor. σ-ας.

(1) Il faut observer de retrancher l'accent du radical quand il se trouve sur la terminaison ; il change aussi quelquefois au radical de position et même de nature : Impér., λῦσον ; parf. λελύκαμεν.

Observations générales *sur le Tableau synoptique de la voix active.*

1° En parcourant de haut en bas le tableau qui précède, on verra que la même caractéristique distingue le même temps dans tous les modes.

2° En le parcourant de gauche à droite, on verra que presque tous les temps ont la même terminaison dans un même mode, et que ces terminaisons sont ordinairement celles du présent.

Observations particulières.

1° Au sing., la 2ᵉ p. est toujours terminée en σ, excepté à l'impératif.

2° Au plur.
{
la 1ʳᵉ p. est en μεν à tous les temps de tous les modes.
la 2ᵉ p. . . . . . τε à tous les temps de tous les modes.
la 3ᵉ p. . . . . .
{
σι, aux temps principaux de tous les modes et à tout le subjonctif.
ν, aux temps secondaires de tous les modes et à tout l'optatif.
}
}

3° Au duel.
{
la 2ᵉ p. . . . ?. τον à tous les temps de tous les modes.
la 3ᵉ p. . . . . .
{
τον, aux temps principaux de tous les modes et à tout le subjonctif.
την, aux temps secondaires de tous les modes et à tout l'optatif.
των, à tous les temps de l'impératif.
}
}

VOIX PASSIVE ET MOYENNE.

Nous réunissons la voix passive et la voix moyenne, parce que ces deux voix se confondent dans tous les modes, à tous leurs temps deux exceptés.

Les temps communs aux deux voix, et qui ont à la fois la signification passive et réfléchie sont : le *Présent,* le *Parfait,* l'*Imparfait* et le *Plus-que-parfait;* ainsi le *Présent,* λύ-ομαι, veut dire à la fois *je suis délié* et *je me délie,* etc.

Les deux temps dans lesquels ces deux voix diffèrent entr'elles, sont le futur et l'aoriste ; ainsi

Chaque voix a son futur :
{
Futur moyen, λύ-σομαι, *je me délierai.*
Futur passif, λυ-θήσομαι, *je serai délié.*
}

Chaque voix a son aoriste :
{
Aoriste moyen, ἐλυ-σάμην, *je me déliai.*
Aoriste passif, ἐλύ-θην, *je fus délié.*
}

Dans chaque mode, tous les temps ont la même terminaison, excepté les temps secondaires au mode de l'indicatif, et à tous les modes de l'aoriste passif. A part ces exceptions, les terminaisons sont toujours celles du parfait. Dans cette voix, comme dans la voix active, chaque temps a aussi sa caractéristique; cette caractéristique est :

Dans les temps principaux :	Dans les temps secondaires :
o et ε pour le présent,	o et ε pour l'imparfait,
σ pour le futur moyen,	σ pour l'aoriste moyen,
$\theta\eta$ pour le futur passif.	θ pour l'aoriste passif. (1)

NOTA. Au présent et à l'imparfait, l'o est caractéristique quand la terminaison du parfait commence par μ ou ν; dans les autres cas, c'est ε. Ces deux voyelles se changent en leurs longues ω et η, au subjonctif; à l'optatif c'est toujours o auquel on ajoute ι (2).

L'aoriste moyen change toujours en α la voyelle qui suit sa caractéristique σ, excepté à la seconde personne de l'impératif et à tout le subjonctif.

Dans la voix passive et moyenne nous avons changé l'ordre des temps pour faciliter leur formation.

Voici l'ordre que nous prendrons (3) :

1° TEMPS PRINCIPAUX.		2° TEMPS SECONDAIRES.	
Le parfait,	λέλυ- μαι,	Le plus-que-parfait,	ἐλελύ- μην,
Le présent,	λύ- o-μαι,	L'imparfait,	ἐλυ- ό-μην;
Le futur moyen,	λύ- σ-o-μαι,	L'aoriste moyen,	ἐλυ-σ-ά-μην;
Le futur passif,	λυ-θή-σ-o-μαι,	L'aoriste passif,	ἐλύ-θ- ην.

Disposés ainsi, les temps se formeront l'un de l'autre, en ajoutant successivement devant la terminaison du temps précédent les caractéristiques des temps suivans, de sorte que le dernier aura, outre sa propre caractéristique, celles de tous les temps qui le précèdent.

Cette observation s'applique aux temps principaux et aux temps secondaires séparément.

L'aoriste passif prend à tous les modes une terminaison particulière.

---

(1) On peut remarquer que les caractéristiques se correspondent dans les temps principaux et secondaires. La caractéristique $\theta\eta$ du futur passif est la même que celle de l'aoriste passif θ; mais ici le θ est suivi de l'η qui, comme on verra, est caractéristique du futur 2 passif.

(2) Voyez, pour l'insertion de cet ι, la note du tableau partiel de l'optatif.

(3) La marche que nous suivons dans la formation des temps du verbe, outre qu'elle est ici la plus simple, est aussi la plus naturelle, et même la seule usitée dans plusieurs langues, notamment dans la langue hébraïque.

INDICATIF.

L'indicatif est le seul mode qui ait tous les temps principaux et secondaires. Pour tous ces temps il a trois terminaisons.

Tous les temps principaux ont la même, c'est celle du parfait : μαι,
σαι, ται, etc. Cette terminaison précédée d'ο ou d'ε forme celle du
présent : ο-μαι, ε-σαι, etc. La terminaison du présent, précédée de σ,
forme celle du futur moyen : σ-ομαι, σ-εσαι, etc. Enfin celle-ci précédée de la syllabe θη forme le futur passif : θή-σομαι, θή-σεσαι, etc.

Le parfait doit toujours prendre le redoublement ; Ex. : parf.
λέλυ-μαι ; prés. λύ-ομαι ; fut. m. λύ-σ-ομαι ; fut. pass. λυ-θή-σομαι.

Tableau de l'Indicatif.

TEMPS PRINCIPAUX.						
PARFAIT PASSIF ET MOYEN.		PRÉSENT PASSIF ET MOYEN.	FUTUR MOYEN.	FUTUR PASSIF.		
J'ai été ou je me suis délié.		Je suis délié ou je me délie.	Je me délierai.	Je serai délié.		
S. 1re p.	μαι,	ο-μαι,	σ-ομαι,(1)	θή-σομαι ,		
2e p.	σαι,	ε-σαι, η	σ-εσαι, ση	θή-σεσαι, θήση,		
3e p.	ται,	ε-ται,	σ-εται,	θή-σεται ,		
P. 4re p.	μεθα,	ό-μεθα,	σ-όμεθα,	θη-σόμεθα,		
2e p. λέ-λυ	σθε,	ε-σθε, λύ	σ-εσθε,	λυ θή-σεσθε,		
3e p.	νται,	ο-νται ,	σ-ονται ,	θή-σονται ,		
D. 1re p.	μεθον,	ί-μεθον	σ-όμεθον,	θη-σόμεθον,		
2e p.	σθον,	ε-σθον ,	σ-εσθον ,	θή-σεσθον ,		
3e p.	σθον.	ε-σθ:ν.	σ-εσθον.	θή-σεσθον.		

2° Les temps secondaires ont aussi une même terminaison, c'est celle
du plus-que-parfait : μην, σο, το, etc. Cette terminaison précédée d'ο
ou d'ε forme celle de l'imparfait : ο-μην, ε-σο, etc.; et celle-ci, précédée
de σ, forme celle de l'aoriste moyen ; ce temps change en α l'ο ou l'ε
de l'imparfait : σ-άμην, σ-ασο, etc

Le plus-que-parfait prend le redoublement et l'augment, l'imparfait
et l'aoriste ne prennent que l'augment : plus-que-parfait, ἐλελύ-μην;
imparfait, ἐλυ-όμην ; aoriste moyen , ἐλυ-σάμην.

---

(1) La seconde personne du singulier reçoit souvent une contraction ; elle est ordinairement en
η pour les temps principaux : λύ-η pour λύ-εσαι, pour λύ-τεσαι. Avant la contraction le dernier σ
disparaît et l'ι se souscrit ; pour les temps secondaires elle est en ου à l'imparfait : ἐλύ-ου pour
ἐλύ-εσο, et en ω à l'aoriste : ἐλύ-σω pour ἐλύ-σασο. Le dernier σ disparaît aussi avant de faire la
contraction.

3° L'aoriste passif a, dans l'indicatif, et à tous les autres modes, une terminaison particulière, toujours précédée du θ. Aor. pass. ἐλύ-θην.

TEMPS SECONDAIRES.			
PLUS-QUE-PARFAIT PASSIF ET MOYEN.	IMPARFAIT PASSIF ET MOYEN.	AORISTE MOYEN.	AORISTE PASSIF.
J'avais été ou je m'étais délié.	J'étais délié ou je me déliais	Je me déliai.	Je fus délié.
S. 1re p. μην,	ό-μην,	σ-άμην,	θ-ην,
S. 2e p. σο,	ε-σο, ου,	σ-ασο, σω,	θ-ης,
S. 3e p. το,	ε-το,	σ-ατο,	θ-η,
P. 1re p. ἐλε-λύ μεθα,	ό-μεθα,	σ-άμεθα,	θ-η μεν,
P. 2e p. ἐλε-λύ σθε,	ἐ-λύ ε-σθε,	ἐ-λύ σ-ασθε,	ἐ-λύ θ-ητε,
P. 3e p. ντο,	ο-ντο,	σ-αντο,	θ-ησαν,
D. 1re p. μεθον,	ό-μεθον	σ-άμεθον,	. . . .
D. 2e p. σθον,	ε-σθον,	σ-ασθον,	θ-ητον,
D. 3e p. σθον.	έ-σθην.	σ-άσθην.	θ-ήτην.*

IMPÉRATIF.

L'impératif n'a que quatre temps : le *parfait*, le *présent*, l'*aoriste moyen* et l'*aoriste passif*. Pour ces quatre temps il a deux terminaisons.

Les trois premiers ont la même, c'est celle du parfait : σο, σθω, etc. Cette terminaison précédée d'ε forme celle du présent : ε-σο, έ-σθω, etc. Précédée de σ, elle forme la terminaison de l'aoriste moyen : ce dernier temps change en α l'ε du présent et fait, par exception, la deuxième personne du singulier en αι : σ-αι, σ-ασθω, etc.

L'aoriste passif a sa terminaison particulière, toujours précédée de θ.

Parf. λέλυ-σο ; Prés. λύ-ε-σο ; Aor. m. λῦ-σ-αι ; Aor. p. λύ-θ-ητι.

---

* *Dialectes principaux de l'Indicatif.*

Présent...	Singulier 2e p.	λύ-εαι......	ionien.
		ἐλυ-όμαν.....	dorien.
Imparfait..	Singulier 1re p.	— ασκόμην, etc.	éolien.
		— εσκόμην, etc.	poétiq.
	2e p.	ἐλύ-εν......	dorien.
Aoriste pass.	Pluriel.. 3e p.	ἔλυ-θεν.....	éolien.

Les Doriens terminent toutes les premières personnes du pluriel en μεσθα pour μεθα : λυ-όμεσθα pour λυ-όμεθα.

Les Ioniens terminent souvent les troisièmes personnes en αται ou έαται au parf. ; en ατο ou έατο aux temps secondaires : λελύ-αται, ἐλύ-ατο pour λέλυ-νται, ἐλύ-οντο.

Tableau de l'Impératif. (1)

	PARFAIT PASSIF ET MOYEN.		PRÉSENT PASSIF ET MOYEN.	AORISTE MOYEN.	AORISTE PASSIF.
	Sois délié ou délie-toi.		Sois délié ou délie-toi.	Délie-toi.	Sois délié.
S. 1re p.	. . .		. . . .	. . . . .	. . . .
S. 2e p.	σο,		ε-σο, ου,	σ-αι,	θ-ητι,
S. 3e p.	σθω,		έ-σθω,	σ-άσθω,	θ-ήτω,
P. 1re p.	. . .		. . . .	. . . . .	. . . .
P. 2e p. λέ-λυ	σθε,	λύ	ε-σθε,	λύ σ-ασθε,	λύ θ-ητε,
P. 3e p.	σθωσαν,		έ-σθωσαν,	σ-άσθωσαν,	θ-ήτωσαν,
D. 1re p.	. . .		. . . .	. . . . .	
D. 2e p.	σθον,		ε-σθον,	σ-ασθον,	θ-ητον,
D. 3e p.	σθων.		έ-σθων.	σ-άσθων.	θ-ήτων. *

SUBJONCTIF.

Le subjonctif, comme l'impératif, a quatre temps et deux terminaisons. Les trois premiers ont la même ; c'est celle du parfait, μαι, σαι, ται, etc., empruntée à l'indicatif. Le parfait forme le présent ω-μαι, η-σαι, etc. ; le présent forme l'aoriste moyen σ-ωμαι, σ-ησαι, etc.

L'aoriste passif a sa terminaison particulière semblable à celle de l'actif, mais précédée du θ. Parf. λέλυ-μαι, prés. λύ-ω-μαι, aor. moy. λύ-σ-ωμαι, aor. pass. λυ-θ-ῶ.

REMARQUE. Le parfait du subjonctif, outre les terminaisons μαι, σαι, ται, etc. qu'on vient de voir et qui servent à former le présent et l'aoriste moyen, a une autre terminaison formée par circonlocution du participe parfait λελυ-μένος joint au présent du subjonctif du verbe substantif : ὦ, ῆς, ῆ, etc. (que je sois ayant été délié). Ce parfait n'a pas de première personne au duel.

NOTA. Nous donnons, dans le tableau suivant, cette dernière forme comme plus usitée ; dans le tableau synoptique, nous donnerons la première qui est aussi quelquefois usitée et qui fait mieux ressortir l'identité des terminaisons.

_____

(1) Le même temps français sert à traduire tous les temps de l'impératif grec : il faudrait dire au parfait, *sois ayant été délié* ; au présent, *sois étant délié*, etc.

* Dialecte de l'Impératif.

IMPÉRATIF. Présent. Plur. 3e p. λυ-έσθων. . . . . dorien.

Tableau du Subjonctif.

			PARFAIT PASSIF ET MOYEN.	PRÉSENT PASSIF ET MOYEN.	AORISTE MOYEN.	AORISTE PASSIF.
			que j'aie été ou que je me sois délié.	que je sois délié ou que je me délie.	que je me sois délié.	que j'aie été délié.
S.	1re p.		μένος ὦ ,	ω-μαι,	σ-ωμαι ,	θ-ῶ ,
	2e p.		μένος ἦς,	η-σαι, η,	σ-ησαι, ση,	θ-ῆς ,
	3e p.		μένος ἦ ,	η-ται,	σ-ηται ,	θ-ῆ ,
P.	1re p.		μένοι ὦμεν,	ώ-μεθα ,	σ-ώμεθα ,	θ-ῶμεν,
	2e p.	λε-λυ	μένοι ἦτε,	λύ η-σθε ,	λύ σ-ησθε ,	λυ θ-ῆτε,
	3e p.		μένοι ὦσι,	ω-νται,	σ-ωνται ,	θ-ῶσι,
D.	1re p.		. . . . .	ώ-μεθον,	σ-ώμεθον,	. . . . .
	2e p.		μένω ἦτον,	η-σθον,	σ-ησθον ,	θ-ῆτον ,
	3e p.		μένω ἦτον.	η-σθον.	σ-ησθον.	θ-ῆτον. *

OBSERVATION. Dans la voix passive , comme dans l'active , le subjonctif prend les voyelles longues à la place des brèves de l'indicatif : ω et η pour ο et ε.

OPTATIF.

L'optatif a six temps principaux et deux terminaisons.

Les cinq premiers , c'est-à-dire tous les temps principaux passifs et moyens, et l'aoriste moyen, ont la même ; c'est celle du parfait , μην , σο , το , (1) etc., la même que celle du plus-que-parfait à l'indicatif. En ajoutant successivement devant cette terminaison les caractéristiques propres à chaque temps , on forme les terminaisons du présent , οι-μην , οι-σο, etc.; du futur moyen, σ-οίμην, σ-οισο, etc.; du futur passif, θη-σοίμην, θή-σοισο, etc. L'aoriste moyen est le même que le futur moyen, seulement il change ο en α : σ-αίμην.

L'aoriste passif a sa terminaison particulière précédée du θ.

Parf. λελύ-μην , prés. λυ-οίμην , fut. *m.* λυ-σοίμην, fut. p. λυ-θησοίμην , aor. m. λυ-σαίμην , aor. p. λυ-θείην.

REMARQUE. Pour l'optatif, comme pour le subjonctif, le parfait a une seconde terminaison formée par circonlocution du participe parfait

---

★ *Dialectes du Subjonctif.*

SUBJONCTIF. Aoriste pass. Sing. λυ-θ-έω , εεις, etc. . . . . ionien.

(1) La véritable terminaison est ίμην, ιτο , etc. ; mais l' ι est souscrit ou sous-entendu au parfait; il reparaît aux autres temps : οίμην , σοίμην , etc., qui alors se forment par l'addition successive des caractéristiques ο , σ , θη.

λελυ-μένος joint au présent de l'optatif du verbe substantif εἴην, εἴης, etc. (que je fusse ayant été délié).

Nota. Nous mettons cette dernière terminaison de l'optatif au tableau suivant ; on verra la première au tableau synoptique.

Tableau de l'Optatif.

PARFAIT PASSIF ET MOYEN.	PRÉSENT PASS. ET MOY.	FUTUR MOYEN.	FUTUR PASSIF.	AORISTE MOYEN.	AORISTE PASSIF.
que j'eusse été ou que je me fusse délié.	que je fusse délié ou que je me déliasse.	que je dusse me délier.	que je dusse être délié.	que je me fusse délié.	que j'ousse été délié.
λε-λυ { μένος εἴην, μένος εἴης, μένος εἴη, μένοι εἴημεν, μένοι εἴητε, μένοι εἴησαν, ... μένω εἴητον, μένω εἰήτην.	λύ { οι–μην, οι–σο, οιο, οι–το, οί–μεθα, οι–σθε, οι–ντο, οί–μεθον, οι–σθον, οί–σθην.	λυ { σ–οίμην, σ–οισο, σοιο, σ–οιτο, σ–οίμεθα, σ–οισθε, σ–οιντο, σ–οίμεθον, σ–οισθον, σ–οίσθην.	λυ { θη–σοίμην, θή–σοισο,σαιο, θή–σοιτο, θη–σοίμεθα, θή–σοισθε, θή–σοιντο, θη–σοίμεθον, θή–σοισθον, θη–σοίσθην.	λύ { σ–αίμην, σ–αισο, αιο, σ–αιτο, σ–αίμεθα, σ–αισθε, σ–αιντο, σ–αίμεθον, σ–αισθον, σ–αίσθην.*	λυ { θ–είην, θ–είης, θ–είη, θ–είημεν, θ–είητε, θ–είησαν, . . . θ–είητον, θ–ειήτην.

INFINITIF.

L'infinitif a six temps, comme l'optatif, et deux terminaisons. Les cinq premiers temps ont la même ; c'est celle du parfait σθαι qui forme successivement les terminaisons du présent ε-σθαι, du futur moy. σ-εσθαι, du futur pass. θή-σεσθαι. L'aoriste moyen a la même que le futur moyen, en changeant ε en α : σ-ασθαι.

L'aoriste passif a sa terminaison particulière précédée du θ.

Tableau de l'Infinitif.

PARFAIT PASS. ET MOY.	PRÉSENT PASS. ET MOY.	FUTUR MOYEN.	FUTUR PASS F.	AORISTE MOYEN.	AORISTE PASSIF.
avoir été ou s'être délié.	être délié ou se délier.	devoir se délier.	devoir être délié.	s'être délié.	avoir été délié.
λέλυ-σθαι.	λύ-ε-σθαι.	λύ-σ-εσθαι.	λυ-θή-σεσθαι.	λύ-σ-ασθαι.	λυ-θ-ῆναι.

* Dialectes de l'Optatif et de l'Infinitif.

OPTATIF. { Fut. moy. Plur. 3ᵉ p. λυ-σοίατο. . . . . ionien.
Aor. moy. Plur. 3ᵉ p. —σαίατο. . . . . ionien.
Aor. pass. Plur. . . . —θεῖμεν, θεῖτε, θεῖεν. . . . . poét., ionien.

INFINITIF. Aoriste passif { λύ-θημεν. . . . . dorien.
—θήμεναι. . . · . . . . . poétiq.

PARTICIPE.

Le participe a six temps comme l'infinitif et deux terminaisons.

Les cinq premiers ont la même terminaison, c'est celle du parfait : μένος, μένη, μένον, qui forme successivement celle du présent : ό-μενος ; celle du futur moyen : σ-όμενος ; celle du futur passif : θη-σόμενος. L'aoriste moyen a la même terminaison que le futur moyen, mais il change o en α : σ-άμενος

L'aoriste passif a sa terminaison particulière.

Tableau du Participe.

PARFAIT PASS. ET MOYEN.	PRÉSENT PASS. ET MOY.	FUTUR MOYEN.	FUTUR PASSIF.	AORISTE MOYEN.	AORISTE PASSIF.
Ayant été ou s'étant délié	Étant délié ou se déliant.	Devant se délier.	Devant être délié.	S'étant délié	Ayant été délié
m. f. λε-λυ { μένος, μένη,	λυ { ό-μενος, o-μένη,	λυ { σ-όμενος, σ-ομένη,	λυ { θη-σόμενος, θη-σομένη,	λυ { σ-άμενος, σ-αμένη,	λυ { θ-είς, θ-εῖσα,
n. μένον.	ό-μενον.	σ-όμενον.	θη-σόμενον.	σ-άμενον.	θ-έν. *

Tous les temps du participe terminés en μένος, όμενος, etc., se déclinent comme les adjectifs de la première classe : ἀγαθός, ή, όν. L'aoriste passif : θείς, θέντος; θεῖσα, θείσης; θέν, θέντος, se décline comme ceux de la troisième classe : πᾶς, πᾶσα, πᾶν.

NOTA. Dans le tableau synoptique qui suit nous ne mettrons la signification du passif et du moyen qu'à l'indicatif, et celle du passif seulement aux autres modes, pour ne pas trop charger le tableau.

---

* On trouve en grec deux autres terminaisons du participe ; une en τός, τή, τόν, correspondant à la terminaison du latin tus, ta, tum. Ex. : λυτός, τή, τόν, solutus, a, um, ayant été délié ; une autre en τέος, τέα, τέον, correspondant à la terminaison en dus, da, dum. Ex. : λυτέος, α, ον, solvendus, a, um, devant être délié.

TEMPS PRINCIPAUX.

MOD.		PARFAIT PASSIF ET MOYEN.	PRÉSENT PASSIF ET MOYEN.	FUTUR MOYEN.	FUTUR PASSIF.
		j'ai été ou je me suis délié.	je suis délié ou je me délie	je me délierai.	je serai délié.
INDICATIF.	S.	1re p. {μαι,	ο μαι,	σ ομαι,	θή σομαι,
		2e p. σαι,	ε σαι, η.	σ εσαι, ση,	θή σεαι, θήση,
		3e p. ται,	ε ται,	σ εται,	θή σεται,
	P.	1re p. μεθα,	ό μεθα,	σ όμεθα,	θη σόμεθα,
		2e p. λέ-λυ {σθε,	λύ {ε σθε,	λύ {σ εσθε,	λυ {θή σεσθε,
		3e p. νται,	ο νται,	σ ονται,	θή σονται,
	D.	1re p. μεθον,	ό μεθον,	σ όμεθον,	θη σόμεθον,
		2e p. σθον,	ε σθον,	σ εσθον,	θή σεσθον,
		3e p. σθον.	ε σθον.	σ εσθαι.	θή σεσθαι.
IMPÉRATIF.			sois délié.	sois délié.	
	S.	1re p. ...	...		
		2e p. σο,	ε σο, ου.		
		3e p. σθω,	ε σθω,		
	P.	1re p. ...	...		
		2e p. λέ-λυ {σθε,	λύ {ε σθε,		
		3e p. σθωσαν,	ε σθωσαν,		
	D.	1re p. ...			
		2e p. σθον,	ε σθον,		
		3e p. σθων.	ε σθων.		
SUBJONCTIF.			que j'aie été délié.	que je sois délié.	
	S.	1re p. μαι,*	ω μαι,		
		2e p. σαι,	η σαι, η.		
		3e p. ται,	η ται,		
	P.	1re p. μεθα,	ώ μεθα,		
		2e p. λε-λύ {σθε,	λύ {η σθε,		
		3e p. νται,	ω νται,		
	D.	1re p. μεθον,	ώ μεθον,		
		2e p. σθον,	η σθον,		
		3e p. σθον.	η σθον.		
OPTATIF.			que j'eusse été délié.	que je fusse délié.	que j'aime me délier.	que je dusse être délié.
	S.	1re p. μην,	οί μην,	σ οίμην,	θη σοίμην,
		2e p. σο,	οι σο, οιο,	σ οίσο,σοιο,	θή σοισο, θήσοιο,
		3e p. το,	οι το,	σ οιτο,	θή σοιτο,
	P.	1re p. μεθα,	οί μεθα,	σ οίμεθα,	θη σοίμεθα,
		2e p. λε-λύ {σθε,	λύ {οι σθε,	λύ {σ οισθε,	λυ {θή σοισθε,
		3e p. ντο,	οι ντο,	σ οιντο,	θή σοιντο,
	D.	1re p. μεθον,	οί μεθον,	σ οίμεθον,	θη σοίμεθον,
		2e p. σθον,	οι σθον,	σ οισθον,	θή σοισθον,
		3e p. σθην.	οι σθην.	σ οισθην.	θη σοισθην.
INFINITIF.		avoir été délié.	être délié.	devoir se délier.	devoir être délié.
		λε-λύ σθαι.	λύ ε σθαι.	λύ σ εσθαι.	λυ θή σεσθαι.
PARTICIPE.	m.	ayant été délié.	étant délié.	devant se délier.	devant être délié.
	f.	λε-λυ {μένος,	ό μενος,	λυ {σ όμενος,	λυ {θη σόμενος,
		λε-λυ {μένη,	λυ {ό μένη,	λυ {σ ομένη,	λυ {θη σομένη,
	n.	μένον.	ό μενον.	σ όμενον.	θη σόμενον.

* Le subjonctif et l'optatif ont au parfait une autre terminaison très-usitée et formée par circonlocution.
voyez les tableaux partiels, pages 59 et 60.

TEMPS SECONDAIRES.

	PL.-Q.-PARFAIT PASS. ET MOY.	IMPARFAIT PASSIF ET MOYEN.	AORISTE MOYEN.	AORISTE PASSIF.	RÉSUMÉ Des Terminaisons DE CHAQUE MODE.
	j'avais été ou je m'é- tais délié.	j'étais délié ou je me déliais.	je me déliai.	je fus délié.	Ce mode n'a que 2 termin. pour les 2 premiers temps. L'aor. pass. a une termin. particul.
	μην,	ό μην,	σ άμην,	θ ην,	
	σο,	ε σο, ου,	σ ασο, σω,	θ ης,	Parf. μαι, Prés. ο—μαι,
	το,	ε το,	σ ατο,	θ η,	Fut. m. σ-ο—μαι,
	μεθα,	ό μεθα,	σ άμεθα,	θ ημεν,	Fut. p. θή-σ-ο-μαι,
ελε-λύ {σθε,	ε-λύ {ε σθε,	ε-λύ {σ ασθε,	ε-λύ {θ ητε,	Pl. q-p. Imparf. ό—μην,
	ντο,	ο ντο,	σ αντο,	θ ησαν.	Aor. m. σ-ά-μην,
	σθον,	ε σθον,	σ ασθον,	θ ητον,	Aor. p. θ— ην.
	σθην.	έ σθην.	σ ασθην.	θ ητην.	
			délie-toi.	sois délié.	Ce mode n'a qu'une termin. pour les 2 premiers temps, sauf les caractéristiq. et l'a de l'aor. moyen.
			σ αι,	θ ητι,	
			σ άσθω,	θ ήτω,	L'aoriste pass. a une termin. particulière.
			λύ {σ ασθε,	λυ {θ ητε,	Parf. σο, σθω, Prés. ε-σο, ε-σθω,
			σ άσθωσαν,	θ ήτωσαν,	Aor. m. σαι, σ-άσθω,
			σ ασθον,	θ ητον,	Aor. p. θ-ητι, θ-ήτω.
			σ άσθων.	θ ήτων.	
			que je me sois délié.	que j'aie été délié.	Ce mode n'a qu'une termin. pour les 2 premiers temps, sauf les caractéristiques.
			σ ωμαι,	θ ῶ,	L'aor. pass. a une termin. part.
			σ ησαι, η,	θ ῆς,	
			σ ηται,	θ ῇ,	Parf. μαι, Prés. ω—μαι,
			λύ {σ ησθε,	λυ {θ ῆτε,	Aor. m. σ-ω—μαι,
			σ ωνται,	θ ῶσι,	Aor. p. θ-ῶ.
			σ ησθον,	θ ῆτον,	
			σ ησθον.	θ ῆτον.	
			que je me fusse délié.	que j'eusse été délié.	Ce mode n'a qu'une termin. pour les 2 premiers temps, sauf la caract. et l'a de l'aor. moyen.
			σ αίμην,	θ είην,	
			σ αισο, σαιο,	θ είης,	L'aoriste pass. a encore une termin. particulière.
			σ αιτο,	θ είη,	
			λύ {σ αίμεθα,	λυ {θ είημεν,	Parf. μην, Prés. οί—μην,
			σ αισθε,	θ είητε,	Fut. m. σ-οί—μην,
			σ αιντο,	θ είησαν,	Fut. p. θη-σ-οί-μην,
			σ αίμεθον,		Aor. m. σ-αί-μην,
			σ αισθον,	θ είητον,	Aor. p. θ-εί-ην.
			σ αισθην.	θ είητην.	
			s'être délié.	avoir été délié.	Ce mode n'a qu'une termin. pour les 2 premiers temps, sauf la caract. et l'a de l'aoriste.
			λύ {σ ασθαι.	λυ {θ ῆναι.	Parf. σθαι.Prés. ε-σθαι. A.m. σ-α-σθαι.A.p. θ-ῆναι.
			s'étant délié.	ayant été délié.	Ce mode n'a qu'une termin. pour les 2 premiers temps, sauf la caract. et l'a de l'aor. mey.
			λυ {σ άμενος,	λυ {θ είς,	Parf. μένος.Prés. ό-μενος. F.m. σ-ά-μενος.Fp.θ-είς-μενος.
			σ αμένη,	θ είσα,	A.m. σ-α-μένος.A.p. θ-είς.
			σ άμενον.	θ έν.	

Les termin. de l'aor. passif donnent plusieurs temps du verbe εἰμί.

Observations générales *sur le Tableau synoptique de la voix passive et moyenne.*

1° En parcourant le tableau de haut en bas on voit que la même caractéristique distingue le même temps dans tous les modes.

2° En le parcourant de gauche à droite on voit que tous les temps ont la même terminaison dans un même mode, et que cette terminaison est toujours celle du parfait.

Il faut excepter de cette dernière observation les temps secondaires de l'indicatif et l'aoriste passif de tous les modes.

Observations particulières.

1° Au sing. la 1re p. est en

- μαι aux temps principaux de tous les modes et à tout le subjonctif.
- μην aux temps principaux de tous les modes et à tout l'optatif.

2° Au plur.

- la 1re p...... μεθα à tous les temps de tous les modes.
- la 2e p...... σθε à tous les temps de tous les modes.

3° Au duel.

- la 1re p...... μεθον à tous les temps de tous les modes.
- la 2e p...... σθον à tous les temps de tous les modes.
- la 3e p......
  - σθον aux temps principaux de tous les modes et à tout le subjonctif.
  - σθην aux temps secondaires de tous les modes et à tout l'optatif.
  - σθων à tous les temps de l'impératif.

Conjuguez comme le verbe type tous les verbes dont le radical est absolument invariable, c'est-à-dire, terminé par ι, υ ou une diphthongue. * Ex. :

δί ω,	chassser.	λού ω,	laver.
τί ω,	honorer.	πιστεύ ω,	croire.
παιδεύ ω,	instruire.	θύ ω,	immoler. parf. τέ-θυ-κα.
βασιλεύ ω,	régner.	φύ ω,	produire. parf. πέ-φυ-κα.
ἀκού ω,	entendre.	χρί ω,	oindre. parf. κέ-χρι-κα.

Nota. Quelques verbes comme ἀκούω et χρίω prennent un σ euphorique à la voix passive, quand la terminaison commence par une consonne autre que σ. Ex. futur pass. ἀκου-σ-θήσομαι, aoriste ἠκού-σ-θην.

---

* Les Grecs emploient quelquefois un *futur antérieur* ou *passé*; c'est, pour l'actif, λελυ-κώς ἔσομαι *j'aurai délié*, c'est-à-dire *je serai ayant délié*; pour le passif et moy., λελυ-μένος ἔσομαι, ou mieux en un seul mot λελύ-σομαι, *j'aurai été* ou *je me serai délié*. Ils se conjuguent comme le futur moyen du verbe type.

ARTICLE SECOND. (1)

VERBES MODIFIÉS.

ILS SE CONJUGUENT SUR LE VERBE TYPE AVEC QUELQUES CHANGEMENTS.

Les verbes modifiés sont ceux dont le radical ne se termine ni par ι, ni par une diphthongue. (2)

La dernière lettre du radical de ce verbe peut être :

Ou une *consonne*, comme dans τρίϐ-ω (broyer.)

Ou une *voyelle*, comme dans τιμά-ω (honorer.)

De là deux divisions dans les verbes modifiés.

PREMIÈRE DIVISION.

VERBES DONT LE RADICAL SE TERMINE PAR UNE CONSONNE.

Tous les verbes dont le radical se termine par une consonne, (muette, sifflante, double ou liquide) ne diffèrent en rien du verbe type, au *présent* et à l'*imparfait*.

	Prés.	imparf.		prés.	imparf.		prés.	imparf.	
Act.	τρίϐ-ω,	ἔτριϐ-ον, broyer.		πράσσ-ω,	ἔπρασσ-ον, faire.		κρίν-ω,	ἔκριν-ον, juger.	
	λέγ-ω,	ἔλεγ-ον, dire.		ἕψ-ω,	ἥψ-ον, cuire.		στέλλ-ω,	ἔστελλ-ον, envoyer.	
	πλήθ-ω,	ἔπληθ-ον, remplir.		νομίζ-ω;	ἐνόμιζ-ον, penser.		σπείρ-ω,	ἔσπειρ-ον, semer.	

Pass. et moy. τρίϐ-ομαι, ἐτριϐ-όμην, etc....

Au futur, parfait, plus-que-parfait et aoriste, ils diffèrent du verbe type en deux choses, savoir :

1° Dans la manière dont le radical s'unit à la terminaison.

2° Dans une seconde manière de former ces mêmes temps (de là les temps seconds.)

---

(1) Observez que, dans les verbes χρίω et ἀκούω déjà cités, la 3ᵐᵉ pers. du pluriel se forme par circonlocution au parfait et au plus-que-parfait : ἤκου-σ-μένοι εἰσί, pour ἤκού-σ-νται ; ἥκου-σ-μένοι ἥσαν pour ἤκου-σ-ντο.

(2) Les verbes dont le radical est terminé par ν, peuvent être à la fois verbes types et verbes modifiés.

PREMIÈRE DIFFÉRENCE.

(Manière dont le radical s'unit à la terminaison.)

Nous allons montrer successivement cette différence dans chaque voix des verbes terminés par une muette, la sifflante, une double et une liquide.

I. VERBES DONT LE RADICAL EST TERMINÉ PAR UNE MUETTE.

NOTA. Il serait bon avant d'aller plus loin, de revoir le tableau des muettes (page 4) et les deux règles qui les concernent, ainsi que la formation des lettres doubles.

Voix active.

FUTUR ET AORISTE. Devant σ caractéristique du futur et de l'aoriste actif. :

Les *labiales*   β, π, φ, forment la double ψ; (1)
Les *gutturales* γ, κ, χ, forment la double ξ;
Les *dentales*   δ, τ, θ, se retranchent. Ex. :

fut.	aor.	fut.	aor.	fut.	aor.
τρίψω,	ἔτριψα,	λέξω,	ἔλεξα,	πλήσω,	ἔπλησα, (2)
(τρίβ-σω,	ἔτριβ-σα.	λέγ-σω,	ἔλεγ-σα.	πλήθ-σω,	ἔπληθ-σα.)*

PARFAIT ET PLUS-QUE-PARFAIT. Ils se forment de la manière suivante :

les labiales, se changent en leur aspirée φ, et rejettent le κ du parf.
les gutturales, se changent en leur aspirée χ, et rejettent aussi le κ;
les dentales, se retranchent devant la termin. κα du parfait. Ex. :

parf.	pl. q. parf.	parf.	pl. q. parf.	parf.	pl. q. parf.
τέτριφα,	ἐτετρίφειν,	λέλεχα,	ἐλελέχειν,	πέπληκα,	ἐπεπλήκειν,
(τέτριβ-κα,	ἐτετρίβ-κειν.	λέλεγ-κα,	ἐλελέγ-κειν.	πέπληθ-κα,	ἐπεπλήθ-κειν.)

---

* Quelques verbes terminés par une muette, font le futur en ajoutant simplement au radical la termin. σω précédée d'ε ou η. Ex.: τύπτω (frapper) fut. τυπτ-ήσω; διδάσκω (enseigner) fut. διδασκ-ήσω.

Quatre de ces verbes au futur transportent sur la première lettre l'aspiration qui au présent est sur la seconde : ἔχω, (avoir); τύφω, (enflammer); τρέφω, (nourrir); τρέχω, (courir); font au futur, ἕξω, θύψω, θρέψω, θρέξω.

Les deux verbes εἴπω, (dire) et ἐνέγκω (porter), ne prennent point σ à l'aoriste qui est alors εἴπ-α, ἤνεγκ-α.

(1) Les verbes en πτω perdent le τ et appartiennent aux verbes terminés par une labiale; ceux en σκω perdent le σ.

(2) On a vu à la page précédente le présent de ces trois verbes : τρίβω, broyer; λέγω, dire; πλήθω, remplir.

Voix passive et moyenne.

Futur et aoriste moyen. La caractéristique étant σ comme pour le futur actif, les muettes éprouvent les mêmes changements. Ex.:

fut.	aor.	fut.	aor.	fut.	aor.
τρίψομαι,	ἐτριψάμην,	λέξομαι,	ἐλεξάμην,	πλήσομαι,	ἐπλησάμην,
(τρίϐ-σομαι,	ἐτριϐ-σάμην.	λέγ-σομαι,	ἐλεγ-σάμην.	πλήθ-σομαι,	ἐπληθ-σάμην.)

Futur et aoriste passif. Devant θ caractéristique de ces deux temps :

les labiales, se changent en leur aspirée φ;
les gutturales, se changent en leur aspirée χ ;
les dentales, se changent en σ. Ex.:

fut.	aor.	fut.	aor.	fut.	aor.
τριφθήσομαι,	ἐτρίφθην,	λεχθήσομαι,	ἐλέχθην,	πλησθήσομαι,	ἐπλήσθην,
(τριϐ-θήσομαι,	ἐτρίϐ-θην.	λεγ-θήσομαι,	ἐλέγ-θην.	πληθ-θήσομαι,	ἐπλήθ-θην.)

Parfait et plus-que-parfait passif et moyen. La terminaison de ces deux temps ne commençant pas à toutes les personnes par la même consonne, la muette du radical subit divers changements: ainsi on change successivement, devant μ, σ, τ, θ de la terminaison :

les labiales, en	*les gutturales,* en	*les dentales,* en
μ, ψ, π, φ.	γ, ξ, κ, χ.	σ.

Ex.: τέτριμ-μαι de τρίϐω, λέλεγ-μαι de λέγω, πέπλησ-μαι de πλήθω.

	μ μαι, pour ϐ-μαι,		γ μαι, pour γ-μαι,		σ μαι, pour θ-μαι,
	ψ αι, ... ϐ-σαι,		ξ αι, ... γ-σαι,		σ αι, ... θ-σαι,
	π ται, ... ϐ-ται,		κ ται, ... γ-ται,		σ ται, ... θ-ται,
τέτρι	μ μεθα, .. ϐ-μεθα,	λέλε	γ μεθα, .. γ-μεθα,	πέπλη	σ μεθα, .. θ-μεθα,
	φ θε, ... ϐ-σθε,		χ θε, ... γ-σθε,		σ θε, ... θ-σθε,
	μ μένοι εἰσί, ϐ-νται,		γ μένοι εἰσί, γ-νται,		σ μένοι εἰσί, θ-νται,
	μ μεθον, .. ϐ-μεθον,		γ μεθον, .. γ-μεθον,		σ μεθον, .. θ-μεθον,
	φ θον, ... ϐ-σθον,		χ θον, ... γ-σθον,		σ θον, ... θ-σθον,
	φ θον, ... ϐ-σθον.		χ θον, ... γ-σθον.		σ θον, ... θ-σθον.

le plus-que-parfait est ἐτετρίμ-μην, ἐλελέγ-μην, ἐπεπλήσ-μην. etc.

Observations.

1° La seconde personne du pluriel régulièrement terminée en σθε perd euphoniquement le σ après les muettes des trois ordres: τέτριφ-θε, πέπλησ-θε pour τέτριφ-σθε, πέπλησ-σθε; la seconde personnne du singulier le perd encore après les dentales : πέπλησ-αι pour πέπλησ-σαι.

2⁰ La troisième personne du pluriel au parfait et plus-que-parfait, se forme par circonlocution : parf. τετριμμένοι εἰσί; plus-que-parf. τετριμμένοι ἦσαν. *

A toutes les voix et à tous les modes, les mêmes temps éprouvent les mêmes changements, quand les mêmes lettres se rencontrent.

CONJUGUEZ DE MÊME :

	sur τρίϐ-ω,		sur λέγ-ω,		sur πλήθ-ω.
λείϐ-ω,	verser,	φλέγ-ω,	brûler,	ψεύδ-ω,	tromper,
τρέπ-ω,	tourner,	διώκ-ω,	poursuivre,	πείθ-ω,	persuader,
στέφ-ω,	couronner,	ϐρέχ-ω,	mouiller,	πρήθ-ω,	brûler,
κόπτ-ω,	couper.	διδάσκ-ω,	enseigner.	σπένδ-ω,	faire des libations.
(comme κόπ-ω.)		(comme διδάκ-ω.)			

II. VERBES DONT LE RADICAL EST TERMINÉ PAR LA SIFFLANTE OU PAR UNE LETTRE DOUBLE.

Les verbes terminés en σσω (attiquement ττω,) sont censés venir de primitifs en γω et suivent toutes les règles données pour les verbes terminés par une gutturale; Ex. :

πράσσω, (faire) du primitif πράγω, fut. πράξω, perf. πέπραχα etc. **

Les verbes terminés en ψω, ξω, ajoutent un η au radical. ex. :

ἕψ-ω, (cuire), fut. ἑψή-σω, parf. ἕψη-κα etc.
ἀλέξ-ω, (secourir), fut. ἀλεξή-σω, parf. ἠλέξη-κα etc.

Ceux en ζω suivent les règles des verbes terminés par une dentale. Ex.:

νομίζ-ω, (penser), fut. νομί-σω, parf. νενόμι-κα etc. ***

---

* Trois verbes changent ε en α au parf. pass. τρέπω, (tourner); τρέφω, (nourrir); στρέφω, (tourner); parf. pass. τέτραμμαι, τέθραμμαι, ἔστραμμαι.

Quelques verbes abrègent en υ la diphthongue ευ : φεύγω, (fuir), parf. pass. πέφυγμαι.

** Six ou sept verbes que l'usage apprendra suivent les règles des verbes terminés par une dentale : πλάσσω, (façonner), fait au fut. πλάσω, al parf. πέπλοκα, au parf. pass. πέπλασμαι etc.

*** Les verbes en ζω, qui font la classe la plus nombreuse après celle des verbes en ω pur, font souvent, d'après le dorien, le futur en ξω, νομίξω.

III. VERBES DONT LE RADICAL EST TERMINÉ PAR UNE LIQUIDE.

Ces verbes terminés en λω, μω, νω, ρω, n'éprouvent, comme tous les précédents, aucun changement au présent et à l'imparfait.

Ils n'ont point de futur premier (1) ni à l'actif ni au moyen. *

NOTA. Ils le remplacent par une autre forme de futur, appellé futur second. (Voyez page 71.)

Les autres temps, ils les forment, pour la terminaison et le radical, d'après les règles suivantes.

TERMINAISONS.

Règle générale. Ces verbes prennent, aux temps des trois voix, les terminaisons du verbe type, ex. : τίλλ-ω, (arracher); parf. act. τέτιλ-κα, pass. τέτιλ-μαι, etc. **

Règle particulière. A l'aorise *actif* et *moyen* seulement, ils retranchent le σ caractéristique de la terminaison, ex. :

aor. act. : ἔτιλ-α, (pour ἔτιλ-σα),
aor. moy. : ἐτιλ-άμην, (pour ἐτιλ-σάμην).

Une dizaine de verbes font le futur à la fois en σω et en ξω : ἁρπάσω ou ἁρπάξω de ἁρπάζω, (dérober.)

Une vingtaine viennent de primitifs en γω : στίζω, (piquer), fut. στίξω, parf. ἔστιχα. Les poëtes changent quelquefois ζ en δ et non en σ au parf. pass. πέφραδμαι pour πέφρασμαι de φράζω, (parler.)

* Les deux verbes ὄρω, (exciter) et κύρω, (dominer), ont le futur en σω : ὄρσω, κύρσω. Quelques-uns prennent encore ce futur, mais après avoir ajouté au radical un ε ou un η. Ex. :

ὄλω, (perdre), fut. ὀλέ-σω.		βάλλω, (lancer), fut. βαλλή-σω.		
μέλλω, (devoir),	μελλή-σω.	θέλω, (vouloir),		θελή-σω.
ἔῤῥω, (périr),	ἐῤῥή-σω.	βούλομαι (vouloir.)		βουλή-σομαι.

** Six ou sept verbes insèrent euphoniquement un η entre le radical et la terminaison du parfait :

νέμω, (distribuer), parf. νενέμη-κα.	κάμνω, (travailler), parf. κέκμη-κα (p. κεκάμη-κα.)		
βρέμω, (frémir),	βεβρέμη-κα.	τέμνω, (couper);	τέτμη-κα (p. τετέμη-κα.)
μένω, (demeurer),	μεμένη-κα.	δέμω, (bâtir);	δέδμη-κα (p. δεδέμη-κα.)
	βάλλω, (jeter), parf. βέβλη-κα (pour βεβάλη-κα.)		

(1) On entend par futur premier, le futur terminé en σω à l'actif, en σομαι au moyen.

RADICAL.

Règle générale. Si le radical est terminé par deux liquides, il perd toujours la dernière, ex. : aor. ἔτιλ-α; parf. τέτιλ-κα, (de τιλλ-ω.)

Règles particulières :

AORISTE ACTIF. A ce temps, la dernière syllabe du radical suit deux règles :

	prés.	aor.. 1ᵉʳ
1° elle change ε en ει :	στέλλ-ω,	ἔστειλ-α, (pour ἔστελ-α.) (1).

2° elle change α en η et souscrit ι :
$$\begin{cases} \text{ψάλλ-ω,} & \text{ἔψηλ-α,} \quad \text{pour ἔψαλ-α.)} \\ \text{φαίν-ω,} & \text{ἔφην-α,} \quad \text{(pour ἔφαιν-α.)} \end{cases}$$

L'aoriste *moyen* suit pour son radical les règles de l'aoriste actif, ex. : ἐστειλ-άμην, ἐψηλ-άμην, ἐφην-άμην. *

PARFAIT ACTIF. Au parfait ainsi qu'au plus-que-parfait, la dernière syllabe du radical suit trois règles :

1° elle perd le ν final dans la plupart des verbes de deux syllabes

	prés.	parf.
en ινω ou υνω :	κρίν-ω,	κέκρι-κα, (p. κέκριν-κα.)

2° elle change ε en α dans les verbes de 2 syllabes : στέλλ-ω, ἔσταλ-κα, (p. ἔστελ-κα.)

3° elle retranche ι après α ou ε : . . . . ἐγείρ-ω, ἤγερ-κα, (p. ἤγειρ-κα.)

NOTA. Les verbes de deux syllabes en ειρω après avoir perdu ι, rentrent dans la seconde règle et font comme στέλλω, ex. : σπείρω, (semer) au parf. ἔσπαρ-κα, pour ἔσπειρ-κα.

Il en est de même de ceux en εινω, après le retranchement de l'ι et du ν, ex. : τείνω, (étendre); parf. τέτα-κα, pour τέτειν-κα.

Tous les temps du *passif* et du *moyen*, excepté l'aoriste moyen dont nous avons déjà parlé, suivent pour le radical les mêmes règles que le parfait actif.

PASSIF,		PASSIF ET MOYEN.	
Futur,	aoriste,	Parfait,	plus-que-parf.
κρι-θήσομαι, . . .	ἐκρί-θην,	κέκρι-μαι , . . .	ἐκεκρί-μην ,
σταλ-θήσομαι, . .	ἐστάλ-θην,	ἔσταλ-μαι, . .	ἐστάλ-μην ,
ἐγερ-θήσομαι, . .	ἠγέρ-θην.	ἤγερ-μαι, . . .	ἠγέρ-μην. **

---

* Quelques verbes gardent α à l'aoriste et le prononcent long. Ex. : μαραίνω, (flétrir), aor. ἐμάρανα.

** Les autres verbes en νω gardent souvent le ν du radical devant la terminaison du futur et aoriste passif, le changent en γ au parf. actif et en μ ou σ au parfait passif, ex. : φαίνω, fut. pass. φαν-θήσομαι, parf. act. πέφαγ-κα, parf. pass. πέφαμ-μαι ou πέφασ-μαι.

(1) στέλλ-ω veut dire envoyer; ψάλλ-ω, jouer de la harpe; φαίν-ω, montrer ; κρίν-ω, juger ἐγείρ-ω, éveiller.

Observation. Dans les verbes terminés par une liquide, comme dans ceux terminés par une muette, *au parfait* la seconde personne du pluriel est en θε pour σθε : τέτιλ-θε pour τέτιλ-σθε; et la troisième est formée par circonlocution : τετιλ-μένοι εἰσί pour τέτιλ-νται qui serait trop dur. Il en est de même pour le plus-que-parfait.

SECONDE DIFFÉRENCE.

(Manière de former les temps appelés temps seconds.)

Les temps seconds, sont : le *futur*, l'*aoriste* et le *parfait*. (1) On les appelle temps seconds, pour les distinguer des temps correspondans du verbe type, lesquels par opposition s'appellent temps premiers.

Les temps seconds ont la même signification que les temps premiers; ils s'emploient ordinairement au défaut les uns des autres, et quelquefois concurremment dans le même verbe.

Le futur et l'aoriste seconds sont communs aux trois voix; le futur second est très-peu usité, si ce n'est dans les verbes terminés par une liquide; le parfait second ne se trouve qu'à la voix active, et est encore peu usité.

Les temps seconds diffèrent du verbe type dans la *Terminaison* et dans le *Radical*.

Terminaisons des temps seconds.

Les Terminaisons des temps seconds sont les mêmes pour tous les verbes, quelle que soit la consonne qui termine le radical.

Futur second. Il a pour terminaisons :

	fut. 1.	fut. 2.
à l'*actif* celles du fut. 1er en changeant σ en ε, ex. :	τύπ-σω	τυπ-έω, (2)
au *moy.* celles du fut. 1er en changeant σ en ε, ex. :	τύπ-σομαι	τυπ-έομαι,
au *passif* celles du fut. 1er en retranchant θ, ex. :	τυπ-θήσομαι	τυπ-ήσομαι.

Nota. Le futur second, actif et moyen peut éprouver une contraction; elle se fait d'après les règles données (page 21) pour les noms contractes et (page 76) pour les verbes en έω : τυπ-ῶ, τυπ-οῦμαι contractés pour τυπ-έω, τυπ-έομαι.

Nous donnerons désormais au futur second, la terminaison contractée ῶ pour έω. Il faut observer qu'à cette première personne il y a toujours l'accent circonflexe.

(1) On trouve quelquefois un plus-que-parfait second ; il suit alors les règles du parf. à la terminaison près. Le parfait second s'appelle encore mais improprement parfait moyen.

(2) Τύπτ-ω (frapper) perd le τ final, à tous les temps, excepté au présent et à l'imparfait.

AORISTE SECOND. Les terminaisons de l'aoriste second, sont :

aor. 2.

à l'actif { celles de l'imparf. pour l'indic. . . . . . . | ἔτυπτ-ον, . . ἔτυπ-ον,
{ celles du prés. pour les autres modes. . . . . | τύπτ-ειν, . . τύπ-ειν,

au moyen { celles de l'imparf. pour l'indic. . . . . . . | ἐτυπτ-όμην, . ἐτυπ-όμην,
{ celles du prés. pour les autres modes. . . . | τύπτ-εσθαι, . τύπ-εσθαι,

au passif celles de l'aoriste 1ᵉʳ en retranchant θ. ἐτύπ-θην, . . ἐτύπ-ην.

PARFAIT SECOND. Il a la terminaison du parfait premier, en retranchant
κ, et ne le remplaçant jamais par une muette aspirée : τέτυπ-α de
τέτυ-φα, (pour τέτυπ-κα); ἤγγελ-α de ἤγγελ-κα, (ἀγγέλλω, annoncer.)

NOTA. Les verbes en φω et en χω ne peuvent avoir de parfait second.

RADICAL des temps seconds.

Règle générale. Au radical de tous les temps seconds, si la dernière
syllabe a deux consonnes, on retranche toujours la seconde, ex. :

prés.	fut. 2.	aor. 2.	parf. 2.
τύπτ-ω,	τυπ-ῶ,	ἔτυπ-ον,	τέτυπ-α.
ἀγγέλλ-ω,	ἀγγελ-ῶ,	ἤγγελ-ον,	ἤγγελ-α.

Règles particulières :

FUTUR ET AORISTE SECONDS. Dans tous les verbes, à ces deux temps, la
dernière syllabe du radical doit être brève. Voici les deux règles
qu'elle suit :

		prés.	fut. 2.	aor. 2.
1° elle change ε et η en α, dans les verbes de 2 syll.	{	λήβ-ω,	λαβ-ῶ,	ἔλαβ-ον. (1)
	{	τρέπ-ω,	τραπ-ῶ,	ἔτραπ-ον.
	{	στέλλ-ω,	σταλ-ῶ,	ἔσταλ-ον.
2° elle abrège la dipht. en retranchant une voyelle :	{	λείπ-ω,	λιπ-ῶ,	ἔλιπ-ον.
	{	φαίν-ω,	φαν-ῶ,	ἔφαν-ον.

NOTA. Dans les verbes terminés par une muette, c'est toujours ι qui se retranche : λείπ-ω,
λιπ-ῶ; dans les verbes terminés par une liquide, c'est toujours ι : φαίνω, φανῶ, (montrer.)
Les verbes de deux syllabes en ειρω et ceux en εινω perdent et suivent ensuite la première
règle comme στέλλ-ω : σπείρω, τείνω font au futur second σπαρ-ῶ, ταν-ῶ; à l'aoriste second
ἔσπαρ-ον, ἔταν-ον. Quelquefois cependant tous ces verbes de deux syllabes gardent ε, mais seulement au futur second : στελ-ῶ, σπερ-ῶ, τεν-ῶ. *

---

* Remarque sur l'aoriste second.

Les deux verbes, πέρθω, (detruire) et δέρκω, (regarder), changent ε en α et le
transportent après le ρ, pour rendre la syllabe brève, ex. : ἔπραθον, ἔδρακον.

(1) Λήβω signifie prendre; τρέπω, tourner ; λείπω, laisser; φαίνω, montrer.

PARFAIT SECOND. A ce temps, la dernière syllabe du radical n'est pas nécessairement brève. Voici les deux règles qui la concernent :

	prés.	parf. 2.
1° elle est ordinairement la même qu'au présent :	φεύγ-ω,	πέφευγ-α, (fuir.)
2° elle change ε en ο dans les verbes de 2 syllabes :	τρέπ-ω,	τέτροπ-α, (tourner.)
	στέλλ-ω,	ἔστολ-α, (envoyer.)

NOTA. Comme on voit dans ce dernier exemple, l'ι se conserve au parfait second des verbes terminés par une muette : λείπ-ω, λέλοιπ-α ; mais il disparaît dans les verbes terminés par une liquide : σπεί-ρω, ἔσπορα (pour ἔσποιρα) ; τείνω, τέτον-α, (pour τέτοιν-α.)

Les verbes en αινω, après avoir retranché ι, changent α en η, ex. : φαίνω, πέφην-α. (1)

Les verbes en ινω, υνω n'éprouvent aucun changement au radical ; mais il faut faire brefs dans la prononciation l'ι et l'υ du futur et de l'aoriste seconds.

Les verbes en σσω (att. ττω) et ζω tirent leurs temps seconds de leurs primitfs, ex. :

prés.		fut. 2.	aor. 2.	parf. 2.
πράσσω,	(prim. πράγω),	πραγ-ῶ,	ἔπραγ-ον,	πέπραγ-α, (faire.)
φράζω,	(prim. φράδω),	φραδ-ῶ,	ἔφραδ-ον,	πέφραδ-α, (parler.)

Ἀμάρτω, (pécher) change α en ο, le porte après le ρ et le remplace par un ϐ euphonique. Ex. : ἤμ-ϐ-ροτον pour ἤμροτον.

Six verbes font cependant longue la dernière syllabe du radical à l'aor. 2. ce sont : εἷλον, (je pris); εἷπον, (je dis); εὗρον, (je trouvai); ἔσχον, (j'eus); ἔταρπον, (je me réjouis.)

Quelques verbes à l'aoriste 2. pass. changent π en ϐ ou φ, et χ en γ, ex. : ἐκρύϐ-ην pour ἐκρύπ-ην de κρύπτω, (cacher); ἐῤῥίφ-ην pour ἐῤῥίπ-ην de ῥίπτω (précipiter); ἐψύγ-ην pour ἐψύχ-ην de ψύχω, (rafraîchir.)

Les deux verbes λέγω, (parler) et φλέγω, (brûler), ne changent pas , selon la règle, ε en α; on dit : ἐφλέγ-ην, et non ἐφλάγ-ην.

On trouve à l'aoriste 2, le σ caractéristique de l'aor. 1 , ex. :

ἔπεσον de πίπτω, (prim. πέτω) tomber.	ἐϐήσετο de ϐαίνω, (prim. ϐάω) marcher.
ἷξον, . . ἵκω, venir.	ἐδύσετο, . δύω, entrer.

(1) On trouve α changé en ο dans ϐάλλω, (jeter): parf. 2. βέϐολ-α.

SECONDE DIVISION.

VERBES DONT LE RADICAL EST TERMINÉ PAR UNE VOYELLE.

Les verbes dont le radical est terminé par une voyelle, comme ceux terminés par une consonne, peuvent différer du verbe type en deux choses, savoir :

1º dans la manière dont le radical s'unit à la terminaison (de là les verbes contractes.)

2º dans une seconde manière d'exprimer quelques temps (de là les verbes en μι.)

PREMIÈRE DIFFÉRENCE.

Manière dont le radical s'unit à la terminaison.

(OU VERBES CONTRACTES EN α-ω, ε-ω, ο-ω.) (1)

Au *présent et à l'imparfait* où la terminaison commence par une voyelle, la dernière voyelle du radical s'unit à la première de la terminaison en se contractant avec elle. Les règles de contraction pour ces différents verbes se trouvent en tête de chaque tableau.

Au *futur, parfait, aoriste* et *plus-que-parfait*, où la terminaison commence par une consonne, ces verbes prennent invariablement les terminaisons du verbe type, en observant seulement de rendre longue la dernière voyelle du radical, et pour cela changeant α et ε en η, et ο en ω. Ex. :

PRÉSENT	FUTUR			PARFAIT	
act.	act.	moy.	pass.	act.	pass.
τιμά-ω, honorer	τιμή-σω,	τιμή-σομαι,	τιμη-θήσομαι	τετίμη-κα,	τετίμη-μαι,
φιλέ-ω, aimer	φιλή-σω,	φιλή-σομαι,	φιλη-θήσομαι	πεφίλη-κα,	πεφίλη-μαι,
δηλό-ω, montrer	δηλώ-σω,	δηλώ-σομαι,	δηλω-θήσομαι	δεδήλω-κα,	δεδήλω-μαι.

REMARQUE. Le présent et l'imparfait sont les deux seuls temps auxquels les verbes en αω etc. diffèrent du verbe type ; encore même cette différence n'a lieu qu'après la contraction, qui au reste ne se fait pas toujours.

___

(1) On peut observer une certaine analogie dans la manière dont les verbes terminés au radical par une voyelle et ceux terminés au radical par une consonne, diffèrent du verbe type : les premiers en diffèrent aux temps où la terminaison commence par une voyelle, les derniers aux temps où la terminaison commence par une consonne.

La Contraction est { 1° en ω, quand la terminaison commence par o ou ω ;
2° en α, quand la terminaison commence par ε ou η.

Après la contraction ι se souscrit et υ se retranche.

MOD.	ACTIF.				PASSIF ET MOYEN.			
	PRÉSENT.		**IMPARFAIT.**		**PRÉSENT.**		**IMPARFAIT.**	
INDICATIF.	J'honore.		J'honorais.		Je suis honoré ou je m'honore.		J'étais honoré etc.	
	ά-ω,	ῶ,	α-ον,	ων,	ά-ομαι,	ῶμαι,	α-όμην,	ώμην,
	ά-εις,	ᾷς,	α-ες,	ας,	ά-εσαι,	ᾷη, ᾷ,	ά-εσο,	άου, ῶ,
	ά-ει,	ᾷ,	α-ε,	α,	ά-εται,	ᾶται,	ά-ετο,	ᾶτο,
τιμ	ά-ομεν, ῶμεν,		ά-ομεν, ῶμεν,		α-όμεθα, ώμεθα,		α-όμεθα, ώμεθα,	
	ά-ετε,	ᾶτε,	ἐτίμ { ά-ετε, ᾶτε,		τιμ { ά-εσθε, ᾶσθε,		ἐτίμ { ά-εσθε, ᾶσθε,	
	ά-ουσι, ῶσι,		α-ον, ων,		ά-ονται, ῶνται,		ά-οντο, ῶντο,	
	ά-ετον, ᾶτον,		ά-ετον, ᾶτον,		α-όμεθον, ώμεθον.		α-όμεθον, ώμεθον.	
	ά-ετον. ᾶτον.		α-έτην, άτην.		ά-εσθον, ᾶσθον,		ά-εσθον, ᾶσθον,	
					ά-εσθον, ᾶσθον.		α-έσθην, άσθην.	
IMPÉRATIF.	Honore.				Sois honoré.			
	ά-ε,	ᾶ,			ά-εσο,	άου, ῶ,		
	α-έτω,	άτω,			α-έσθω,	άσθω,		
τιμ {	ά-ετε,	ᾶτε,			τιμ {	ά-εσθε, ᾶσθε,		
	α-έτωσαν, άτωσαν.				α-έσθωσαν, άσθωσαν,			
	ά-ετον,	ᾶτον,			ά-εσθον,	ᾶσθον,		
	α-έτων. άτων.				α-έσθων. ασθων.			
SUBJONCTIF.	Que j'honore.				Que je sois honoré.			
	ά-ω,	ῶ,			ά-ωμαι,	ῶμαι,		
	ά-ῃς,	ᾷς,			ά-ησαι,	ᾷη, ᾷ,		
τιμ	ά-ῃ,	ᾷ,			τιμ	ά-ηται,	ᾶται,	
	ά-ωμεν, ῶμεν,				α-ώμεθα, ώμεθα,			
	ά-ητε,	ᾶτε,			ά-ησθε,	ᾶσθε,		
	ά-ωσι,	ῶσι,			ά-ωνται, ῶνται,			
	ά-ητον, ᾶτον,				α-ώμεθον, ώμεθον,			
	ά-ητον, ᾶτον.				ά-ησθον, ᾶσθον,			
					α-ήσθων, άσθων.			
OPTATIF.	Que j'honorasse.				Que je fusse honoré.			
	ά-οιμι,	ῷμι,			α-οίμην,	ῴμην,		
	ά-οις,	ῷς,			ά-οισο,	άοιο, ῷο,		
	ά-οι,	ῷ,			ά-οιτο,	ῷτο,		
τιμ	ά-οιμεν, ῷμεν,				τιμ	ά-οίμεθα, ῴμεθα,		
	ά-οιτε,	ῷτε,			ά-οισθε,	ῷσθε,		
	ά-οιεν,	ῷεν,			ά-οιντο,	ῷντο,		
	ά-οιτον, ῷτον,				α-οίμεθον, ῴμεθον,			
	α-οίτην, ῴτην.				ά-οισθον, ῷσθον,			
					α-οίσθην, ῴσθην.			
INFINITIF.	Honorer.				Être honoré.			
	τιμά-ειν, ᾷν.				τιμ ά-εσθαι, ᾶσθαι.			
PARTICIPE.	Honorant.				Étant honoré.			
	ά-ων,	ῶν,			α-όμενος, ώμενος,			
τιμ { ά-ουσα, ῶσα,					τιμ { α-ομένη, ωμένη,			
	ά-ον,	ῶν,			α-όμενον, ώμενον.			

Dialectes.

La Contraction est { 1° en ει quand la terminaison commence par ε;
2° en ου quand la terminaison commence par ο.

On retranche ε du radical quand la terminaison commence par une voyelle longue ou une diphthongue.

MOD.		ACTIF.			PASSIF ET MOYEN.		
		PRÉSENT.		**IMPARFAIT.**	**PRÉSENT.**		**IMPARFAIT..**
INDICATIF.		J'aime.		J'aimais.	Je suis aimé ou je m'aime.		J'é.ais aimé ou je m'aimais.
	φιλ	έ-ω.	ῶ,	ε-ον, ουν,	έ-ομαι,	οῦμαι,	ε-όμην, ούμην,
		έ-εις,	εῖς,	ε-ες, εις,	έ-εσαι,	ἕῃ, ῇ,	έ-εσο, έου, οῦ,
		έ-ει,	εῖ,	ε-ε, ει,	έ-εται,	εῖται,	έ-ετο, εῖτο.
		έ-ομεν,	οῦμεν,	έ-ομεν, οῦμεν.	ε-όμεθα,	ούμεθα,	ε-όμεθα, ούμεθα,
		έ-ετε,	εῖτε,	έ-ετε, εῖτε,	έ-εσθε,	εῖσθε,	έ-εσθε, εῖσθε,
		έ-ουσι,	οῦσι,	έ-ον, ουν,	έ-ονται,	οῦνται,	έ-οντο, οῦντο,
		. . .	. . .	. . . . . .	ε-όμεθον,	ούμεθον,	ε-όμεθον, ούμεθον,
		έ-ετον,	εῖτον,	έ-ετον, εῖτον	έ-εσθον,	εῖσθον,	έ-εσθον, εῖσθον,
		έ-ετον,	εῖτον.	ε-έτην, εἵτην.	έ-εσθον,	εῖσθον.	ε-έσθην, εῖσθην.
IMPÉRATIF.		Aime.			Sois aimé.		
	φιλ	. . .	. . .		έ-εσο,	εου, οῦ,	
		ε-ε,	ει,		ε-έσθω,	εῖσθω,	
		ε-έτω,	είτω,		. . .	. . .	
		. . .	. . .		έ-εσθε,	εῖσθε,	
		έ-ετε,	εῖτε,		ε-έσθωσαν,	εῖσθωσαν,	
		ε-έτωσαν,	εἵτωσαν,		. . .	. . .	
		. . .	. . .		έ-εσθον,	εῖσθον,	
		έ-ετον,	εῖτον,		ε-έσθων,	εῖσθων.	
		ε-έτων,	εἵτων.				
SUBJONCTIF.		Que j'aime.			Que je sois aimé.		
	φιλ	έ-ω,	ῶ,		έ-ωμαι,	ῶμαι,	
		έ-ῃς,	ῇς,		έ-ησαι,	έῃ, ῇ,	
		έ-ῃ,	ῇ,		έ-ηται,	ῆται,	
		έ-ωμεν,	ῶμεν,		ε-ώμεθα,	ώμεθα,	
		έ-ητε.	ῆτε,		έ-ησθε,	ῆσθε,	
		έ-ωσι,	ῶσι,		έ-ωνται,	ῶνται,	
		. . .	. . .		ε-ώμεθον,	ώμεθον,	
		έ-ητον,	ῆτον,		έ-ησθον,	ῆσθον,	
		έ-ητον,	ῆτον.		έ-ήσθον,	ησθον.	
OPTATIF.		Que j'aimasse.			Que je fusse aimé.		
	φιλ	έ-οιμι,	οῖμι,		ε-οίμην,	οίμην,	
		έ-οις,	οῖς.		έ-οισο, έ-οιο, οῖο,		
		έ-οι,	οῖ,		έ-οιτο,	οῖτο,	
		έ-οιμεν,	οῖμεν,		ε-οίμεθα,	οίμεθα,	
		έ-οιτε,	οῖτε,		έ-οισθε,	οῖσθε,	
		έ-οιεν,	οῖεν,		έ-οιντο,	οῖντο,	
		. . .	. . .		ε-οίμεθον,	οίμεθον,	
		ε-οίτον,	οῖτον,		έ-οισθον,	οῖσθον,	
		ε-οίτην,	οίτην.		ε-οίσθην,	οίσθην.	
INFINITIF.		Aimer.			Être aimé.		
		φιλέ-ειν,	εῖν.		φιλέ-εσθαι,	εῖσθαι.	
PARTICIPE.		Aimant.			Aimé.		
	φιλ	έ-ων,	ῶν,		ε-όμενος,	ούμενος,	
		έ-ουσα,	οῦσα,		ε-ομένη,	ουμένη,	
		έ-ον,	οῦν.		ε-όμενον,	ούμενον.	

Dialecte.

OPTATIF présent. φιλ-οίην, ης, etc. attique.

La Contraction est {
1º en ου, quand la terminaison commence par une brève ε ou ο;
2º en ω, quand la terminaison commence par uue longue η ou ω;
3º en οι, quand la terminaison a un ι exprimé ou souscrit.

L'infinitif ο-ειν se contracte en ουν.

MODES		ACTIF.				PASSIF ET MOYEN.		
		PRÉSENT.		**IMPARFAIT.**		**PRÉSENT.**		**IMPARFAIT.**
INDICATIF	δηλ	Je montre.		Je montrais.	ἐδήλ	Je suis montré ou je me montre.		J'étais montré etc.
		ό-ω,	ῶ,	ο-ον, ουν,		ό-ομαι, οὖμαι,		ο-όμην, ούμην,
		ό-εις, οῖς,		ο-ες, ους,		ό-εσαι, όη, οῖ,		ό-εσο, όου, οῦ,
		ό-ει, οῖ,		ο-ε, ου,		ό-εται, οῦται,		ό-ετο, οῦτο,
		ό-ομεν, οῦμεν,		ό-ομεν, οῦμεν,		ό-όμεθα, ούμεθα,		ο-όμεθα, ούμεθα,
		ό-ετε, οῦτε,		ό-ετε, οῦτε,		ό-εσθε, οῦσθε,		ό-εσθε, οῦσθε,
		ό-ουσι, οῦσι,		ο-ον, ουν,		ό-ονται, οῦνται,		ό-οντο, οῦντο,
						ό-όμεθα, ούμεθα,		ο-όμεθον, ούμεθον,
		ό-ετον, οῦτον,		ο-ετον, ουτον,		ό-εσθον, οῦσθον,		ό-εσθον, ουσθον,
		ό-ετον, οῦτον.		ο-ετην, ούτην.		ό-εσθον, οῦσθον.		ο-έσθην, ούσθην.
IMPÉRATIF.	δήλ	montre.				sois montré.		
		ο-ε, ου,				ό-εσο, όου, οῦ,		
		ο-έτω, ούτω,				ο-έσθω, ούσθω,		
		ό-ετε, οῦτε,				ό-εσθε, οῦσθε,		
		ο-έτωσαν, ούτωσαν,				ο-έσθωσαν, ούσθωσαν,		
		ό-ετον, οῦτον,				ό-εσθον, οῦσθον,		
		ο-έτων, ούτων,				ο-έσθων, ούσθων.		
SUBJONCTIF.	δηλ	que je montre.				que je sois montré.		
		ό-ω, ῶ,				ό-ωμαι, ῶμαι,		
		ό-ῃς, οῖς,				ό-ησαι, όη, οῖ,		
		ό-ῃ, οῖ,				ό-ηται, ῶται,		
		ό-ωμεν, ῶμεν,				ο-ώμεθα, ώμεθα,		
		ό-ητε, ῶτε,				ό-ησθε, ῶσθε,		
		ό-ωσι, ῶσι,				ό-ωνται, ῶνται,		
						ο-ώμεθον, ώμεθον,		
		ό-ητον, ῶτον,				ό-ησθον, ῶσθον,		
		ό-ητον, ῶτον,				ό-ησθον, ῶσθον.		
OPTATIF.	δηλ	que je montrasse.				que je fusse montré.		
		ό-οιμι, οῖμι,				ο-οίμην, οίμην,		
		ό-οις, οῖς,				ό-οισο, όοιο, οῖο,		
		ό-οι, οῖ,				ό-οιτο, οῖτο,		
		ό-οιμεν, οῖμεν,				ο-οίμεθα, οίμεθα,		
		ό-οιτε, οῖτε,				ό-οισθε, οῖσθε,		
		ό-οιεν, οῖεν,				ό-οιντο, οῖντο,		
		ό-οιτον, οῖτον,				ο-οίμεθον, οίμεθον,		
		ο-οίτην, οίτην.				ό-οισθον, οῖσθον,		
						ο-οίσθην, οίσθην.		
INFINITIF.	δηλ	montrer.			δηλ	être montré.		
		ό-ειν, οῦν.				ό-εσθαι, οῦσθαι.		
PARTICIPE.	δηλ	montrant.			δηλ	montré.		
		ό-ων, ῶν,				ο-όμενος, ούμενος,		
		ό-ουσα, οῦσα,				ο-ομένη, ουμένη,		
		ό-ον, οῦν.				ο-όμενον, ούμενον.		

Dialectes,

OPTATIF. présent, {
δηλ-ώην, ώης, etc. éolien.
δηλ-οίην, οίης, etc. attique.

Observations sur les verbes en αω, εω, ωω.

1° Les verbes en αω gardent l'α du radical aux temps où il devrait se changer en η, quand cet α est précédé d'une voyelle ou d'une liquide (le ν excepté), ex. :

κρεμάω , (suspendre); fut. κρεμάσω.	ὁράω, (voir); fut. ὁράσω.
ἐάω, (permettre); . . . . . ἐάσω.	γελάω, (rire); . . γελάσω. *

Nota. Généralement les Ioniens font le futur en ησω et les doriens en ασω.

2° Beaucoup de verbes en εω gardent l'ε du radical aux temps où il devrait se changer en η, ex. : τελέω (achever); fut. τελέσω, (poëtiquement τελέσσω.) Ils prennent souvent σ au passif : τελε-σ-θήσομαι , τετέλε-σ-μαι. **

3° Quatre verbes en ο seulement gardent ο au futur; ce sont :

ἀρόω , (labourer); fut. ἀρόσω.	ὀμόω, (jurer); fut. moy. ὀμόσομαι.
ϐόω, (faire paître); . . ϐόσω.	ὀνόω , (blamer); . . . . . ὀνόσομαι.

4° Les verbes de deux syllabes en εω ne contractent jamais la première personne du singulier ni les première et troisième du pluriel, au présent des modes indicatif, subjonctif et optatif, ex. :

INDICATIF PRÉSENT : Sing. πλέω, Plur. πλέομεν, πλέουσι.

SUBJONCTIF . . . . πλέω , . . . πλέωμει, πλέωσι.

OPTATIF. . . . . πλέοιμι, . . πλέοιμει, πλέοιεν.

5° Quelques verbes en εω et αω ont des temps seconds; ils les forment en retranchant la dernière syllabe du radical, ex. : φιλε-ω, fut. 2. φιλ-ῶ, aor. 2. ἔφιλ-ον, parf. 2. πέφιλ-α.

SECONDE DIFFÉRENCE.

Seconde manière de former quelques temps.

(OU VERBES EN μι.)

Quelques verbes en αω, εω, οω, auxquels il faut ajouter quelques verbes en νω, ont une seconde manière de former quelques temps.

---

* Après le π , l'α se conserve encore mais rarement : σπάω , (tirer); fut. σπάσω. Deux verbes changent α en αυ au fut. ex. : κλάω (pour κλαίω, pleurer), et κάω (pour καίω, brûler), fut. κλαύσω, καύσω. κάω ne prend ni σ à l'aor. ni κ au parf., ex.: aor. ἔκηα (pour ἔκησα), parf. κέκηα (pour κέκηκα.)

** Six verbes en εω changent ε en ευ au futur, ce sont :

Ces temps sont : le *présent*, l'*imparfait*, l'*aoriste second.*

Pour former le *présent* de ces verbes, il faut :

1º rendre longue la dernière voyelle du radical en changeant α et ε en η, et ο en ω.

2º redoubler la première voyelle du radical et la faire suivre de l'ι. ★

3º changer la terminaison régulière ω en μι, ainsi :

de δό-ω, (donner) on fait δί-δω-μι ;

de θέ-ω, (poser)   on fait τί-θη-μι (pour θί-θη-μι.)

Les verbes qui commencent par στ ou πτ ne prennent que l'ι marqué de l'esprit rude, ex. : στά-ω, (placer), fait ἵ-στη-μι, (pour σί-στη-μι.)

Ceux qui finissent en νω, n'éprouvent aucun changement au radical : δεικνύ-ω, (montrer) fait δείκνυ-μι.

NOTA. Les verbes qui commencent par une voyelle ne prennent que l'ι : ἕω fait ἵημι, (envoyer.)

L'*imparfait* prend le redoublement et l'augment ordinaire ε : ἐδί-δων.

L'*aoriste second* rejette le redoublement de l'imparfait :   ἔ-δων.

REMARQUE. A ces trois temps de l'indicatif actif, la dernière voyelle du radical est longue aux trois personnes du singulier ; elle est ordinairement brève aux autres modes et à toutes les voix, comme on va le voir dans les tableaux suivants.

Les verbes en μι se conjuguent à tous les autres temps, comme les verbes en αω, εω, οω, ex. : futur actif δώ-σω, fut. moy. δώ-σομαι etc.

Ils gardent la voyelle brève à tous les temps du passif, ex. : fut. δο-θήσομαι ; aor. ἐδό-θην ; parf. δέδο-μαι etc.

NOTA. Les deux verbes δόω et θέω prennent κ au lieu de σ à l'aoriste actif et moyen, ex : aor. act. ἔδω-κα, ἔθη-κα ; aor. moy. ἐδω-κάμην, ἐθη-κάμην. Ce dernier change ε en ει, au parfait actif et passif : τέθεικα, τέθειμαι pour τέθηκα, τέθημαι. Il en est de même au plus-que-parfait : ἐτετεί-κειν.

ῥέω, (couler); fut. ῥεύσω, |νέω, (nager), fut. νεύσω, |θέω, (courir), fut. θεύσω, πλέω, (naviguer), . πλεύσω.|πνέω, (souffler), .. πνεύσω.|χέω, (verser), . . . χεύσω.

Ce dernier fait encore ἔχευα (pour ἔχευσα) à l'aoriste.

Le verbes καλέω, appeler, perd souvent l'α, ex. : κέκληκα (pour κεκάληκα.)

★ 1º Quelques verbes en αω, εω, οω, à la forme en μι, ne prennent pas de redoublement, ex. : βήμι de βάω, (marcher) ; γνώμι de γνόω, (connaître.) Les éoliens ne le prennent jamais.

πλήθω, (remplir) et πρήθω, (brûler), perdent le θ et prennent un μ euphonique après le redoublement, ex. : πί-μ-πλημι, πί-μ-πρημι. ὀνάω, (aider) fait ὀν-ίν-ημι.

2º Les verbes en νω de plus de 2 syllabes n'ont jamais d'aoriste 2 ; ceux au contraire de deux syllabes n'ont que ce seul temps, comme κλύ-ω, (entendre), aor. 2. ἔκλυν.

D'UN PRIMITIF EN α-ω.

MOD.	ACTIF			PASSIF ET MOYEN		
	PRÉSENT.	IMPARFAIT.	AORISTE SECOND.	PRÉSENT p. et m.	IMPARF. p. m.	AORISTE 2 moy.

INDICATIF.

	PRÉSENT	IMPARFAIT	AORISTE SECOND	PRÉSENT p. et m.	IMPARF. p. m.	AORISTE 2 moy.
	Je place.	Je plaçais	Je fus debout.(1)	Je suis placé.	J'étais placé.	Je me plaçai.
	η-μι,	η-ν,	η-ν,	α-μαι,	ά-μην,	ά-μην,
	η-ς,	η-ς,	η-ς,	α-σαι,	α-σο,	α-σο,
	η-σι,	η,	η,	α-ται,	α-το,	α-το,
ἰ-στ	α-μεν, ἰ-στ	α-μεν, ἔ-στ	η-μεν, ἰ-στ	ά-μεθα, ἰ-στ	ά-μεθα, ἐ-στ	ά-μεθα,
	α-τε,	α-τε,	η-τε,	α-σθε,	α-σθε,	α-σθε,
	ᾶ-σι,	α-σαν,	η-σαν,	α-νται,	α-ντο,	α-ντο,
	....	....	....	ά-μεθον,	ά-μεθον,	ά-μεθον,
	α-τον,	α-τον,	η-τον,	α-σθον,	α-σθον,	α-σθον,
	α-τον.	ά-την.	ή-την.	α-σθον.	ά-σθην.	ά-σθην.

IMPÉRATIF.

	PRÉSENT		AORISTE SECOND	PRÉSENT p. et m.		AORISTE 2 moy.
	place.		sois debout.	sois placé.		place-toi.
	....		....	....		....
	α-θι,		η-θι,	α-σο,		ά-σο,
	ά-τω,		ή-τω,	ά-σθω,		ά-σθω,
	....		....	....		....
ἰ-στ	α-τε,	στ	η-τε,	ἰ-στ α-σθε,	στ	ά-σθε,
	ά-τωσαν,		ή-τωσαν,	ά-σθωσαν,		ά-σθωσαν,
	....		....	....		....
	α-τον,		η-τον,	α-σθον,		ά-σθον,
	ά-των.		ή-των.	ά-σθων.		ά-σθων.

SUBJONCTIF.

	PRÉSENT		AORISTE SECOND	PRÉSENT p. et m.		AORISTE 2 moy.
	que je place.		que je sois debout.	que je sois placé.		que je me sois placé
	ῶ,		ῶ,	ῶ-μαι,		ῶ-μαι,
	ῇς,		ῇς,	ῆ-σαι, ῇ,		ῆ-σαι, ῇ,
	ῇ,		ῇ,	ῆ-ται,		ῆ-ται,
	ῶμεν,		ῶμεν,	ώ-μεθον,		ώ-μεθα,
ἰ-στ	ῆτε,	στ	ῆτε,	ἰ-στ ῆ-σθε,	στ	ῆ-σθε,
	ῶσι,		ῶσι,	ῶ-νται,		ῶ-νται,
	....		....	ώ-μεθον,		ώ-μεθον,
	ῆτον,		ῆτον,	ῆ-σθον,		ῆ-σθον,
	ῆτον.		ῆτον.	ῆ-σθον.		ῆ-σθον.

OPTATIF.

	PRÉSENT		AORISTE SECOND	PRÉSENT p. et m.		AORISTE 2 moy.
	que je plaçasse.		que je fusse debout.	que je fusse placé.		que je me fusse placé
	α-ίην,		α-ίην,	αί-μην,		αί-μην,
	α-ίης,		α-ίης,	αἶ-σο, αἶο,		αἶ-σο, αἶο,
	α-ίη,		α-ίη,	αἶ-το,		αἶτο,
	α-ίημεν,		α-ίημεν,	αί-μεθα,		αί-μεθα,
ἰ-στ	α-ίητε,	στ	α-ίητε,	ἰ-στ αἶ-σθε,	στ	αἶ-σθε,
	α-ίησαν,		α-ίησαν,	αἶ-ντο,		αἶ-ντο,
	....		....	αί-μεθον,		αί-μεθον,
	α-ίητον,		α-ίητον,	αἶ-σθον,		αἶ-σθον,
	α-ιήτην.		α-ιήτην.	αί-σθην.		αί-σθην.

INFINITIF.

	PRÉSENT		AORISTE SECOND	PRÉSENT p. et m.		AORISTE 2 moy.
	placer.		être debout.	être placé.		s'être placé.
	ἰ-στ ά-ναι,	στ	η-ναι,	ἰ-στ α-σθαι,	στ	ά-σθαι.

PARTICIPE.

	PRÉSENT		AORISTE SECOND	PRÉSENT p. et m.		AORISTE 2 moy.
	plaçant.		était debout.	étant placé,		s'étant placé.
	ά-ς,		ά-ς,	ά-μενος,		ά-μενος,
ἰ-στ	ᾶσα,	στ	ᾶ-σα,	ἰ-στ α-μένη,	στ	α-μένη,
	ά-ν.		ά-ν.	ά-μενον.		ά-μενον.

Dialectes,

INDICATIF, Prés. pl. 3e p. ἰσ-τᾶντι . . . dorien.
           Imp. pl. 3e p. ἴσ-ταν . . . . dorien.
           Aor. pl. 3e p. ἔσ-ταν. . . . dorien.
IMPÉRATIF. Prés. s. 2e p. ἴσ-τα. . . . éolien.

SUBJ. prés. ἰστ-έω, ἰστ-είω, etc. ion. poët.
      aor. 2 στ-έω, στ-είω, etc. ion. poët.
OPT. prés. ἰστ-ήην, ήης, etc. attiq.
     aor. 2 στ-ήην, ήης, etc. attiq.

(1) L'aoriste 2 actif de ce verbe se traduit par *se placer* (debout.) Indic. je plaçais (moi debout), ou *je fus debout*. Impér. *sois debout*, pour place-toi debout.

MODE	VOIX ACTIVE.			VOIX PASSIVE ET MOYENNE.		
	PRÉSENT.	**IMPARFAIT.**	**AORISTE SECOND.**	**PRÉSENT p. et m.**	**IMPARFAIT p. m.**	**AORISTE 2 MOY.**
INDICATIF.	Je pose. τι-θ {η-μι, η-ς, η-σι, ε-μεν, ε-τε, εἴ-σι, ... ε-τον, ε-τον.	Je posais. ἐτι-θ {η-ν, η-ς, η, ε-μεν, ε-τε, ε-σαν, ... ε-τον, ἐ-την.	Je posai. ἔ-θ {η-ν, η-ς, η, ε-μεν, ε-τε, ε-σαν, ... ε-τον, ἐ-την.	Je suis posé ou je me pose. τι-θ {ε-μαι, ε-σαι, ε-ται, ἐ-μεθα, ε-σθε, ε-νται, ... ε-μεθον, ε-σθον, ε-σθον.	J'étais posé ou je me posais ἐτι-θ {έ-μην, ε-σο, ε-το, έ-μεθα, ε-σθε, ε-ντο, ... έ-μεθον, ε-σθον, έ-σθην.	Je me posai. ἔ-θ {έ-μην, ε-σο, ε-το, έ-μεθα, ε-σθε, ε-ντο, ... έ-μεθον, ε-σθον, έ-σθην.
IMPÉRATIF.	Pose. τι-θ {.... ε-τι, (1) έ-τω, ε-τε, έ-τωσαν, ... ε-τον, έ-των.		Pose. θ {.... έ-τι, (2) έ-τω, έ-τε, έ-τωσαν, ... έ-τον, έ-των.	Sois posé. τι-θ {.... ε-σο, έ-σθω, ε-σθε, έ-σθωσαν, ... ε-σθον, έ-σθων.		Pose-toi. θ {.... έ-σο, έ-σθω, έ-σθε, έ-σθωσαν, ... έ-σθον, έ-σθων.
SUBJONCTIF.	Que je pose. τι-θ {ῶ, ῇ-ς, ῇ, ῶ-μεν, ῆ-τε, ῶ-σι, ῆ-τον, ῆ-τον.		Que j'ai posé. θ {ῶ, ῇ-ς, ῇ, ῶ-μεν, ῆ-τε, ῶ-σι, ... ῆ-τον, ῆ-τον.	Que je sois posé. τι-θ {ῶ-μαι, ῆ-σαι, ῇ, ῆ-ται, ώ-μεθα, ῆ-σθε, ῶ-νται, ... ώ-μεθον, ῆ-σθον, ῆ-σθον.		Que je me sois posé θ {ῶ-μαι, ῆ-σαι, ῇ, ῆ-ται, ώ-μεθα, ῆ-σθε, ῶ-νται, ... ώ-μεθον, ῆ-σθον, ῆ-σθον.
OPTATIF.	Que je posasse. τι-θ {ε-ίην, ε-ίης, ε-ίη, ε-ίημεν, ε-ίητε, ε-ίησαν, ... ε-ίητον, ε-ιήτην.		Que j'eusse posé. θ {ε-ίην, ε-ίης, ε-ίη, ε-ίημεν, ε-ίητε, ε-ίησαν, ... ε-ίητον, ε-ιήτην.	Que je fusse posé. τι-θ {εἰ-μην, εἰ-σο, εἰο, εἰ-το, εἰ-μεθα, εἰ-σθε, εἰ-ντο, εἰ-μεθον, εἰ-σθον, εἰ-σθην.		Que je me fusse posé θ {εἰ-μην, εἰ-σο, εἰ-το, εἰ-μεθα, εἰ-σθε, εἰ-ντο, εἰ-μεθον, εἰ-σθον, εἰ-σθην.
INFINITIF.	Poser, τε-θ έ-ναι.		Avoir posé. θ εἶναι,	Etre posé. τι-θ εσθαι,		S'être posé. θ έσθαι.
PARTICIPE.	Posant. τι-θ {είς, εῖσα, έν.		Ayant posé. θ {είς, εῖσα, έν.	Etant posé. τι-θ {έ-μενος, ε-μένη, έ-μενον.		S'étant posé. θ {έ-μενος, ε-μένη, έ-μενον.

Dialectes.

INDIC. prés.	Sing. 1re p.	τιθ-εμμι.. éolien.	**Impér.**	prés. 2ᵉ p. τιθη.........	éolien
	Plur. 3ᵉ p.	τιθ-έασι.. ion. attiq.	**Subj.**	présent.. τιθέω, τιθείω etc. ion.	poët.
		τιθ-εντι.. dorien.		aorist. 2ᵉ. θέω, θείω, etc. ion.	poët.

(1) On dit τίθετι pour τίθεθι, θ se changeant en τ sa forte corespondante, pour que les deux syllabes ne commencent pas par la même aspirée.

(2) On dit mieux θές, quoique cette terminaison soit irrégulière.

VERBE EN Ω-MI,
D'UN PRIMITIF EN ο-ω.

MODE	VOIX ACTIVE.			VOIX PASSIVE ET MOYENNE.		
	PRÉSENT.	IMPARFAIT.	AORISTE SECOND.	PRÉSENT p. et m.	IMPARF. p. et m.	AORIST. 2. moy.
INDICATIF	Je donne. δί-δ { ω-μι, ω-ς, ω-σι, ο-μεν, ο-τε, οὔ-σι, ..., ο-τον, ο-τον.	Je donnais. ἐδί-δ { ω-ν, ω-ς, ω, ο-μεν, ο-τε, ο-σαν, ..., ο-τον, ό-την.	Je donnai. ἔ-δ { ω-ν, ω-ς, ω, ο-μεν, ο-τε, ο-σαν, ..., ο-τον, ό-την.	Je suis donné ou je me donne. δί-δ { ο-μαι, ο-σαι, ο-ται, ό-μεθα, ο-σθε, ο-νται, ό-μεθον, ο-σθον, ο-σθον.	J'étais donné ou je me donnais ἐδί-δ { ό-μην, ο-σο, ο-το, ό-μεθα, ό-σθε, ο-ντο, ό-μεθον, ο-σθον, ό-σθην.	Je me donnai. ἔ-δ { ό-μην, ο-σο, ο-το, ό-μεθα, ο-σθε, ο-ντο, ό-μεθον, ο-σθον, ό-σθην.
IMPÉRATIF	Donne. δί-δ { ...., ο-θι, ό-τω, ..., ο-τε, ό-τωσαν, ο-τον, ό-των.		Donne. δ { ...., ό-θι, (1), ό-τω, ..., ό-τε, ό-τωσαν, ..., ό-τον, ό-των.	Sois donné. δί-δ { ...., ο-σο, ό-σθω, ..., ο-σθε, ό-σθωσαν, ..., ο-σθον, ό-σθον.		Donne-toi. δ { ...., ό-σο, ό-σθω, ..., ό-σθε, ό-σθωσαν, ..., ό-σθον, ό-σθων.
SUBJONCTIF	Que je donne. δί-δ { ὦ, ᾧ-ς, ᾧ, ὦ-μεν, ὦ-τε, ὦ-σι, ..., ὦ-τον, ὦ-τον.		Que j'aie donné. δ { ὦ, ᾧ-ς, ᾧ, ὦ-μεν, ὦ-τε, ὦ-σι, ..., ὦ-τον, ὦ-τον.	Que je sois donné. δί-δ { ὦ-μαι, ὦ-σαι, ᾧ, ὦ-ται, ώ-μεθα, ὦ-σθε, ὦ-νται, ώ-μεθον, ὦ-σθον, ώ-σθων.		Que je me sois donné δ { ὦ-μαι, ὦ-σαι, ᾧ, ὦ-ται, ώ-μεθα, ὦ-σθε, ὦ-νται, ώ-μεθον, ὦ-σθον, ὦ-σθον.
OPTATIF	Que je donnasse. δί-δ { ο-ίην, ο-ίης, ο-ίη, ο-ίημεν, ο-ίητε, ο-ίησαν, ..., ο-ίητον, ο-ιήτην.		Que j'eusse donné δ { ο-ίην, ο-ίης, ο-ίη, ο-ίημεν, ο-ίητε, ο-ίησαν, ..., ο-ίητον, ο-ιήτην.	Que je fusse donné. δί-δ { οί-μην, οἵ-σο, οἷο, οἵ-το, οι-μεθα, οί-σθε, οἵ-ντο, οι-μεθον, οί-σθον, οί-σθην.		Que je me fusse donné δ { οί-μην, οἵ-σο, οἷο, οἵ-το, οι-μεθα, οί-σθε, οἵ-ντο, οι-μεθον, οί-σθον, οι-σθην.
INFINITIF	Donner. δί-δ ο-ναι.		Avoir donné. δ οῦναι.	Etre donné. δί-δ ο-σθαι.		S'être donné. δ ό-σθαι.
PARTICIPE	Donnant. δί-δ { ούς, οῦσα, όν.		Ayant donné. δ { ούς, οῦσα, όν.	Etant donné, δί-δ { ό-μενος, ο-μένη, ό-μενον.		S'être donné. δ { ό-μενος, ο-μένη, ό-μενου.

Dialectes.

INDICATIF. Prés.. pl. 3e p. { διδ-όασι.... attiq., διδ-όντι.... dorien.
Aor. p. pl. 3e p. ἔδ-ον..... dorien.

Impérat.. prés. 2e p. δίδω.... éol.
Subjonct. { présent. διδῶην. etc. attiq.
aor. ... δῶην.. etc. attiq.

(1) On dit bien mieux δὺς, quoique cette terminaison soit irrégulière.

D'UN PRIMITIF EN υ-ω.

MODE		VOIX ACTIVE. (1)			VOIX ACTIVE ET MOYENNE.		
		PRÉSENT.	IMPARFAIT.		PRÉSENT.	IMPARFAIT.	
INDICATIF.		Je montre.	Je montrais.		Je suis montré ou je me montre.	J'étais montré ou je me montrais	
	δείκν	υ-μι, υ-ς, υ-σι, υ-μεν, υ-τε, ῦ-σι, ... υ-τον, υ-τον.	ἐ-δείκν	υ-ν, υ-ς, υ, υ-μεν, υ-τε, υ-σαν, ... υ-τον, ὑ-την.	δείκν	υ-μαι, υ-σαι, υ-ται, ὑ-μεθα, υ-σθε, υ-νται, ὑ-μεθον, υ-σθον, υ-σθον.	ἐ-δείκν	ὑ-μην, υ-σο, υ-το, ὑ-μεθα, υ-σθε, υ-ντο, ὑ-μεθον, υ-σθον, ὑ-σθην.
IMPÉRATIF.		montre.			sois montré, montre-toi.		
	δείκν	. . . . υ-θι, ὑ-τω, ... υ-τε, ὑ-τωσαν, ... υ-τον, ὑ-των.			δείκν	. . . . υ-σο, ὑ-σθω, ... υ-σθε, ὑ-σθωσαν, ... υ-σθον, ὑ-σθων.	
INFINITIF.		montrer.			être montré, se montrer.		
	δείκν ὑ-ναι.				δείκν υ-σθαι.		
PARTICIPE.		montrant.			montré ou se montrant.		
	δείκν	ὑς, ῦσα, ύν.			δείκν	ὑ-μενος, ὑ-μένη, ὑ-μενον. *	

VERBES IRREGULIERS.

Il y a des verbes irréguliers en ω *ou* ομαι, *et des verbes irréguliers en* μι.

VERBES IRRÉGULIERS EN ω OU ομαι.

1° Deux verbes perdent *o* à la première personne du présent, savoir :
λοῦ-μαι, οἶ-μαι, pour λού-ομαι, (être lavé); οἴ-ομαι, (penser.)

★ *Dialectes*,

IMPÉRATIF. Présent. 1re pers. s. δείκνυ. . . . éolien poëtique.

(1) Les verbes en υμι n'ont point de subjonctif ni d'optatif, ils se conjuguent à ces deux modes, comme leur primitif : Subj. δεικν-ύω ; optatif δεικνύ-οιμι.

2° Trois font la seconde personne du singulier en ε. (pour εσαι), ex. : βούλ-ει, οἴ-ει, ὄψ-ει, pour βούλ-εσαι, (vouloir), οἴ-εσαι, et ὄψ-εσαι, fut. de ὄπτ-ομαι, (voir.)

3° Κεῖ-μαι (de κέ-ομαι, *étre étendu*) n'a que les trois temps suivants; il perd au présent et à l'imparfait l'ο ou l'ε qui précèdent la terminaison et il les reprend au futur. Ex. :

	Présent, *Je suis étendu.*	Imparfait, *J'étais étendu.*	Futur, *Je serai étendu.*
Indic.	κεῖ-μαι, σαι, ται, etc.	ἐκεί-μην, σο, το, etc.	κεῖ-σομαι, σῃ, σεται, etc.
Imp.	κεῖ-σο, σθω, ...	. . . .	. . . .
Infin.	κεῖ-σθαι, ...	. . . .	κεῖ-σεσθαι, ...
Part.	κεῖ-μενος, η, ον. . .	. . . .	κει-σόμενος, η, ον. . . . .

Nota. On trouve quelquefois le subjonctif κέωμαι ; et l'optatif κεοίμην au prés.; κεισοίμην au fut. On trouve aussi au présent 3ᵉ pers. du pluriel, κέ-ονται pour κεῖ-νται, à l'imparf. ἐκέ-οντο pour ἔκει-ντο. (1)

4° Les trois verbes φάγ-ομαι ou ἔδ-ομαι, (je mangerai) et πί-ομαι, (je boirai), se traduisent par le futur, quoiqu'ils aient la terminaison du présent. ⋆

VERBES IRRÉGULIERS EN μι.

De ἔω, εἴω, ἴω, (avec l'esprit doux) on forme :

1° Εἰμί, *étre*, verbe substantif. Il est irrégulier au présent et n'a point d'aoriste 2. Voyez ce verbe conjugué (page 46.)

⋆ *Autres verbes irréguliers en* ω.

Sept verbes empruntent quelques temps à des verbes différents mais de même signification :

αἱρέω, *prendre*, tire l'aor. 2 actif et moyen de ἔλω : εἷλον, εἱλόμην.

εἰπεῖν, *dire*, tire tous ses temps de λέγω, εἴρω, ῥέω, excepté l'aor. 1 et 2 εἶπα, εἶπον.

ἔρχομαι, *aller*, les tire de ἐλεύθω (fut. ἐλεύσομαι, aor. 2. ἤλυθον ou ἦλθον) excepté l'imparf. ἠρχόμην.

ἐσθίω, *manger*, se sert de ἔδω ou φάγω.

ὁράω, *voir*, tire l'aor. 1 et 2 de εἴδω, et les autres temps de ὄπτω, excepté l'imp.

τρέχω, *courir*, les tire tous de δρέμω, excepté le futur moyen et l'actif.

(1) Δύνα-μαι, (pouvoir) suit à peu près κεῖμαι : imp. ἐδυνά-μην; fut. δυνή-σομαι.

2° Εἶμι, *aller*. Ce verbe tire tous ces temps de ἴω, excepté les trois pers. du sing. qui viennent de εἴω, au prés. de l'indicatif, ex. :

Prés. Je vais. (1)   Imparf. J'allais.

Indic.	S. εἶμι, εἶς, ou εἶ, εἶσι,	S. ἴον, ἴες, ἴε,
	P. ἴμεν, ἴτε, ... ἴασι,	P. ἴμεν, ἴτε, ἴσαν,
	D. .... ἴτον, ... ἴτον.	D. .... ἴτον, ἴτην.

Impér. ἴθι (ou εἴ), ἴτω, etc. Subj. ἴω, ἴης, etc.
Opt. ἴοιμι *ou* ἰοίην; Infin. εἶναι; Partic. ἰών, ἰοῦσα, ἰόν.

NOTA. Il tire aussi de εἴω, les futur et aoriste moyens, εἴ-σομαι, εἰ-σάμην ; et le parfait et plus-que-parfait, ἤϊα, ἤϊας, ἤϊε, etc. ἤειν, ἤεις, ἤει, etc. Ces temps sont assez peu usités.

3° Ἴημι, *aller*. Ce verbe est régulier à l'aoriste 2 actif, et aux présent et imparfait moyens; il est très-défectueux au présent et à l'imparfait actifs. Ex. :

	ACTIF.			MOYEN.	
	prés.	imparf.	aor.	prés.	imparf.
Indic. S. 3ᵉ p.	ἴησι,	....	ἦν, ἦς,	ἴεμαι, ἴεσαι,	ἱέμην, ἴεσο, etc.
P. 1ᵉ p.	ἴεμεν,	3ᵉ p. ἴεσαν.	ἔμεν, ἔτε,	ἱέμεθα, ἴεσθε,	ἱέμεθα, ἴεσθε, etc.

Impér. moy. ἴεσο, ἱέσθω; Opt. act. 3ᵉ p. εἴη; Infin. act. ἱέναι, moy. ἴεσθαι; Partic. act. ἱείς, moyen ἱέμενος.

φέρω, *porter*, tire le futur de οἴω, les autres temps de ἐνέγκω ou ἐνέκω, excepté l'impératif.

NOTA. Ce dernier précédé de εἰς fait à l'impératif εἴσφρες comme venant de εἴσφρημι.

Un grand nombre de verbes terminés en αω, εω, νω, ανω, σκω, etc. ne sont usités qu'au présent et à l'imparfait et tirent tous leurs autres temps des primitifs en ω desquels ils dérivent, ex. : ὀλισθ-αίνω, de ὀλισθ-ω, glisser; γηρά-σκω, de γηρά-ω, vieillir. Voici la liste des principaux. On aura le primitif en remplaçant par ω la terminaison séparée du radical par un trait.

γο-άω de γό-ω, gémir.	κτυπ-έω, . frapper.	ἁμαρτ-άνω, . . se tromper.
δαμ-άω, . . . dompter.	στυγ-έω, . voir avec horr.	6α-ίνω, ... marcher.
μηκ-άομαι, . . bêler.	δάκ-νω, . . mordre.	6λαστ-αίνω, . . germer.
μυκ-άομαι, . . mugir.	δαρθ-άνω, . dormir.	ὀφλ-ισκαίνω, . . devoir.
γαμ-έω, ... se marier.	ἱκ-άνω, . . venir.	ὀσφρ-αίνομαι, . flairer.
γηθ-έω, . . se réjouir.	κιχ-άνω, . trouver.	ἀρέ-σκω, , . . plaire.
δοκ-έω, ... paraître.	θιγ-γάνω, . toucher.	εὑρ-ίσκω, . . . trouver.

Les trois verbes πίπτω tomber, τίκτω produire, γίγνομαι naître, viennent des primitifs πέτω, τέκω, γένω en changeant ε en ι et redoublant une des deux consonnes du radical.

(1) Cette forme du présent sert aussi pour le futur j'irai.

De ἕω (avec l'esprit rude) on forme :

Ἵημι, *envoyer.* Ce verbe n'a que les irrégularités du verbe τίθημι sur lequel il se conjugue invariablement. Il fait à l'aoriste : ἧκα (pour ἧσα), comme ἔθηκα; au parfait : εἷκα, comme τέθεικα; il change la voyelle du radical en longue à l'actif et au moyen, et la garde brève au passif, comme les verbes en μι, ex. : fut. act. ἥσω; fut. moy. ἥσομαι; fut. pass. ἑθήσομαι, etc. nous donnerons seulement la 1ʳᵉ personne de chaque temps.

	Actif.				**Moyen.**		
	Présent.	imparf.	aoriste 2.	présent.	imparf.	aoriste. 2
Indic.	ἵ ημι, etc.	ἵ ην, etc.	ἧν, ἧς, etc.	ἵ εμαι, etc.	ἱ έμην, etc.	ἕμην, etc.
Impér.	ἵ εθι, . .	. . . .	ἕς (p. ἕθι),	ἵ εσο, . .	. . . . .	ἕσο, . .
Subj.	ἵ ω, . .	. . . .	ὧ, ἧς, . .	ἵ ωμαι, .	. . . . .	ὧμα., .
Opt.	ἵ είην, . .	. . . .	εἵην , . .	ἵ είμην, .	. . . . .	εἵμην, .
Infin.	ἵ έναι, . .	. . . .	εἷναι, . . .	ἵ εσθαι, .	. . . . .	ἕσθαι, .
Partic.	ἵ είς, . .	. . . .	εἵς, ...	ἵ έμενος, .	. . . . .	ἕμενος. *

Remarque. Ἵημι, outre le sens d'*envoyer*, a encore quelquefois celui de : *désirer, être vêtu, être assis,* ainsi :

Le présent et l'imparfait moyen se traduisent quelquefois par le verbe *désirer :* ἵεμαι, ἱέμην, *je désire, je désirais.*

Le parfait et le plus-que-parfait se traduisent aussi par le présent et l'imparfait du verbe *être vêtu :* εἷμαι, εἵμην, *je suis vêtu, j'étais vêtu.*

Ἵημι a aussi un autre parfait ἧμαι, et un autre plus-que-parfait ἥμην, qui se traduisent par le présent et l'imparfait du verbe *être assis :* ἧμαι, ἥμην, *je suis assis, j'étais assis.*

Il y a deux autres verbes très usités, ce sont :

Φημί, *dire* (de φάω.) Il ne prend pas de redoublement et se conjugue comme ἵστημι; à l'imparfait et aoriste 2 il fait ἔφην, ἔφης, ἔφη, etc.

Nota. Les ioniens disent φῆν, φῆς, φῆ (sans ε); les attiques ἧν, ἧς, ἧ etc. (sans φ.) On trouve ἔφησθα à la 2ᵉ pers. les poètes disent : ἐφάμην, ἔφασο, ἔφατο, etc.

---

* *Dialectes principaux de* ἵημι.

Indic.	{ prés.	{ s. 1ʳᵉ p. ἵω, ἱέω, . poët.		Subj. aor. 2.	{ ἕω, ἕης, . attiq.
		{ pl. 3ᵉ p. ἱέασι, . . ion.			{ εἵω, εἵης, poët.
	{ imparf.	{ . . . . εἶον, εἷες, poët.			{ ἥω, ἥης, poët.
		{ . . . . ἵουν, ἵεις, com.			

Indic. pass. prés. pl. 3ᵉ p. ἵωνται, . . . attiq.

Ἴσημι, *savoir* (de ἰσάω.) Il perd l'α du radical à tout l'impératif et à quelques personnes du présent et de l'imparfait. Voici ces deux temps avec les irrégularités :

Ind. Prés. S. ἴσαμι, ἴσης, ἴσατι, P. ἴσμην, ἴστε, ἴσασι, D. ἴστον, ἴστον.
Imparf. ἴσην, ἴσης, ἴση, P. . . . . . . ἴσαν, D. . . . . . .
Imp. ἴσθι, ἴστω, etc. Infin. ἴσαναι, Partic. ἴσας, ἴσασα, ἴσαν. *

Nota. Le moyen ἴσαμαι n'est usité que dans le composé ἐπίσταμαι (savoir), et se conjugue comme ἴσταμαι, (se placer.) *

Observations.

1° Dans quelques verbes et en particulier dans ceux qui expriment l'action de *crier*, le parfait second a la signification du présent, ex.:

οἶδα, (parf 2. de εἴδω) j'ai vu, donc *je sais.*
κέκραγα (de κράζω), j'ai crié et *je crie* encore **

Nota. On trouve aussi mais plus rarement le parfait 1er et l'aoriste 2 employés de la même manière, ex. : μέμνημαι je me souviens, de μνάομαι je mets en ma mémoire; κέκτημαι je possède, de κτάομαι j'acquiers et quelques autres.

Quelquefois ce parfait second se traduit par le présent passif, ex. :

ἐγρήγορα (p. ἐγήγορα), je suis éveillé de ἐγείρω,
ἔαγα, je suis brisé de ἄγνυμι, (prim. ἄγω.)
πέπηγα, je suis consolidé de πήγνυμι (prim. πήγω.)
ἔῤῥωγα, je suis rompu de ῥήγνυμι (prim. ῥήγω.)

Quelquefois aussi il se traduit par le parfait actif ou passif, ex. :

τέτροφα, j'ai nourri ou j'ai été nourri, de τρέφω,
διέφτορα, j'ai corrompu ou j'ai été corrompu, de διαφθείρω,
πέπληγα, j'ai frappé ou j'ai été frappé, de πλήσσω.

---

* Autres verbes irréguliers en μι.

Un grand nombre de verbes terminés en νυμι, ννυμι, et sans redoublement sont usités au présent et à l'imparfait et tirent tous leurs autres temps des primitifs en ω desquels ils sont formés; nous séparons également ici par un trait la terminaison qui doit être remplacé par ω :

ἄγ-νυμι de αγ ω, briser.	ὀλ-λυμι, . périr.	ῥήγ-νυμι, . briser.
ἀμφιέ-ννυμι, . . . revêtir.	ὄμ-νυμι, . jurer.	ῥώ-ννυμι, . fortifier.
κερά-ννυμι, . . . mêler.	ὄρ-νυμι, . exciter.	σβέ-ννυμι, éteindre.
κρεμά-ννυμι, . . . suspendre.	πετά-ννυμι, déployer.	χρώ-ννυμι, colorer.
μίγ-νυμι, ... mêler.	πήγ-νυμι, . consolider.	χώ-ννυμι, . faire une levée.

2° Les poètes ajoutent assez souvent au subjonctif des verbe en ω :

ΜΙ à la 1re pers. : ἵκω-μι, que je vienne;
θα à la 2e pers. : ἵκησ-θα, que tu viennes;
σι à la 3e pers. : ἵκη-σι, qu'il vienne. *

Νοτα. On trouve θα ajouté aux secondes personnes des autres modes. Il faut observer οἶσθα,
(|tu sais), seconde pers. du parf. 2 οἶδα, formé de οἶδας par le retranchement de la syllabe δα et
l'addition de θα.

CHAPITRE SIXIÈME.

ADVERBE.

L'adverbe est un mot indéclinable qui se joint au verbe pour en
déterminer la signification. Il y a un très grand nombre d'adverbes;
voici les principaux :

Adverbes de lieu : ἐντός, ἔνδον, εἴσω, dedans; ἐκτός, παρεκτός, ἔξω, dehors;
ἄνω, en haut; κάτω, en bas; τῆλη, loin; ἐγγύς, près, etc.

Les quatre rapports de lieu (où l'on est, où l'on va, d'où l'on vient,
par où l'on passe) sont exprimés par une terminaison particulière, ex. :

πό-θι, où (êtes-vous)? | πό-θεν; d'où (venez-vous)?
πό-σε; où (allez-vous)? | πῆ, par où (passez-vous)?

Νοτα. Le lieu où l'on est se rend encore par la terminaison ου et οι : οἴκ-οι (pour οἴκο-θι),
je suis à la maison; le lieu où l'on va par la termin. δε ou ζε, ex. : οἴκο-δε, je vais à la maison.

De temps : χθές, hier; σήμερον, aujourd'hui; αὔριον, demain; πρωΐ, le
matin; ὀψέ, le soir; ἀεί, toujours; οὔποτε, jamais; etc.

De manière. La pluspart de ces adverbes sont formés d'un adjectif

---

*Quelques verbes réguliers d'ailleurs ont quelques temps difficiles à reconnaître.
ces temps sont formés irrégulièrement par l'insertion ou le retranchement de
quelques lettres au radical et par le redoublement attique, ex. :
ἀγήοχα, parf. (p. ἄγηχα ou ἦχα) de ἄγω, conduire.
γέντο, aor. 2 moy. (p. εἵλετο ou ἕλετο) formé par l'addition du γ éolien, par le
retranchement du second ε, et le changement du λ en ν, il fut pris.
δόαται, (p. δοάζεται inus.) il paraît.
μέμβλεται, (p. μεμέλεται), formé par le redoublement attique et le changement
de l'ε en β de μέλομαι avoir soin.
μέμβλωκα, (p. μεμόλωκα) avec β pour ο, de μόλω, venir.

ou d'un participe, en ajoutant à leur radical la terminaison ως, ou celle de l'accusatif neutre, soit du singulier, soit du pluriel, ον, α, ex. : δεινῶς, δεινόν, δεινά, terriblement ; (de δεινός, terrible.)

Quelques-uns sont terminés en ις : μόγις, à peine ; en τι : ἑλληνιστί, à la grecque ; en δον, δην : ἀγεληδόν, en troupe ; κρύβδην, en cachette ; en ξ : ὀδάξ, avec les dents.

De quantité : ἅδην, abondamment ; ἄγαν, trop ; ἅλις, assez. (1)

D'interrogation : ἦ, ἄρα, μῶν, est-ce que ?

D'affirmation : ναί, ναίχι, oui ; δή, τοί, ἄρα, ῥά (poët.), donc, certainement ; μέν, à la vérité ; γέ, dumoins.

De négation : οὐ, οὐκ, οὐχ, οὐχί, μή, non ; οὐ, μή, μὴ οὐχί, ne pas ; μηδαμῶς, οὐδαμῶς, nullement.

De doute : ἴσως, τάχα, που, νύ, (poët.), peut-être ; δήπου, δῆθεν, apparemment.

On prend encore adverbialement le génitif, le datif et l'accusatif :
d'un *nom*, ex. : νυκτός, dans la nuit ; βίᾳ, par force ; χάριν, en faveur de.
d'un *adjectif*, ex. : ὁμοῦ, ensemble ; ἰδίᾳ, en particulier ; δεινόν, (comme ci-dessus.)

Les adverbes peuvent avoir un *comparatif* et un *superlatif :*
ceux qui sont formés d'un adjectif, prennent la termin. τέρως, τάτως, ex. : δεινο-τέρως, δεινο-τάτως, plus terriblement, le plus terriblement.
les autres retranchent σ, ex. : ἀνω-τέρω, ἀνω-τάτω, plus haut, très ou le plus haut.

ADVERBES IRRÉGULIERS AU COMPARATIF.

Positif,	comparatif,	superlatif.
μάλα, beaucoup ;	μᾶλλον, plus ;	μάλιστα, le plus.
ἦκα, peu (2) ;	ἦσσον, moins ;	ἥκιστα, le moins.
ἄγχι, prés ;	ἄσσον, plus près ;	ἄγχιστα, très près.

CHAPITRE SEPTIÈME.

PRÉPOSITION.

La préposition est un mot invariable qui sert à exprimer les rap-

---

(1) Voyez, pour les adverbes de nombre, (page 35.)
(2) Cet adverbe a l'esprit doux au positif et le rude au comp et superl.

ports que les mots ont entre eux. Il y dix-huit prépositions.
Elles peuvent être *unies* au mot suivant ou en être *séparées*.

Séparées, elles gouvernent un ou plusieurs cas ; voici ces prépositions avec le cas que chacune gouverne :

Gén.	ἀντί, au lieu de. ἀπό, de, par, depuis. πρό, avant, devant. ἐκ, ἐξ, } de.	gén. et acc. dat. et acc.	διά, par, à cause, à travers. κατά, selon, contre. ὑπέρ, sur, au-dessus. ἀνά, sur, contre.
Dat.	ἐν, à, en, dans. σύν, ξύν, } avec.	gén. dat. acc.	πρός, vers, auprès. περί, ἀμφί, autour de. ἐπί, sur. μετά, avec, après, parmi. παρά, auprès, à coté de. ὑπό, sous.*
Acc.	εἰς, ἐς, } à, vers, dans.		

Unies au mot suivant, elles en modifient ou même en changent la signification, ex. : βαίνω, *marcher* ; κατα-βαίνω, *descendre (marcher vers le bas.)* προβαίνω, *précéder, (marcher devant.)* **

NOTA. Voyez dans la syntaxe les rapports de temps, de manière, de lieu, etc. que chaque préposition exprime.

Dans les mots composés, les prépositions terminées par une voyelle, la perdent si le mot suivant commence aussi par une voyelle : πάρ-ειμι pour παρά-ειμι, (je suis présent.) Exceptez de cette règle toujours περί, quelquefois ἀμφί et πρό.

Celles qui se terminent par une consonne n'éprouvent aucun changement, excepté ἐν et σύν qui changent le ν en μ, γ, λ, ρ, suivant la consonne qui commence le mot suivant : ἔμ-βιος pour ἔν-βιος, (vivant); συρ-ρέω pour συν-ρέω, (couler.)

---

* On peut considérer comme prépositions *séparables* gouvernant le génitif, les six mots suivants :

ἄτερ, ἄνευ, sans,	ἕνεκα, à cause de ;
ἄχρι, μέχρι, jusqu'à.	πλήν, excepté.

** On peut considérer comme prépositions *inséparables*, les douze particules suivantes, dont les quatre premières sont les plus usitées :

ἀ, νέ ou νή, qui marque ordin. négation ; ἀ-δέξιος, mal-adroit ; νή-ποινος, im-puni.

δύς, qui marque difficulté ; εὖ, facilité : δύσ-κολος, εὖ-κολος, difficile, facile, (εὖ n'est pas inséparable.)

ἄρι, ἔρι, βρῖ, βοῦ, δά, λά, λί, ζά, qui augmentent, ex.: ζά-θεος, tout divin etc.

CHAPITRE HUITIÈME.

CONJONCTION.

La conjonction est un mot indéclinable qui sert à lier entr'elles les diverses parties du discours. Voici les conjonctions les plus usuelles :

καί, τέ, et.	γάρ, car.	ἵνα μή, de peur que.
ἤ, ou bien.	εἰ, ἄν, ἐάν, si.	ἐπεί, ἐπειδή, puisque.
οὐδέ, οὔτε, μηδέ, μήτε, ⎱ ni.	εἰ μή, à moins que.	ἐπειδάν, après que.
	εἰ καί, πέρ, κἄν, quoique.	γοῦν, διό, c'est pourquoi.
ἀλλά, δέ, mais.	ὅτι, parce que.	ὅτε, ὅταν, lorsque.
ἄρα, οὖν, donc.	ὡς, ὥστε, ἵνα, κέ, (poët.) ⎱ afin que	ὅπως, comment.
μέντοι, cependant.		ὡς, ὥσπερ, comme. *

NOTA Les conjonctions τέ, δέ, γάρ, πέρ, doivent toujours être placées après le mot, ex. ἀγαθός περ, quoique bon.

CHAPITRE NEUVIÈME.

INTERJECTION.

L'interjection est un mot indéclinable qui sert à exprimer les divers mouvemens de l'âme, savoir :

la joie : ἄ, ἄ, ἰού, ah ! ah ! bon !

la douleur ; ἄ, αἴ, οἴ, ἰώ, παπαί ! ha ! hélas !

la menace : οὐαί, malheur !

l'étonnement : φεῦ, βαβαί, ὤ, oh !

l'indignation : ἰού, ὤ, ah ! oh !

on dit pour encourager, εἶα, εὖγε, ἄγε, φέρε, ἴθι, allons, courage ! on trouve encore ἄπαγε, loin, loin ! ἄγε et φέρε peuvent prendre le pluriel ἄγετε, φέρετε.

---

* On emploie encore comme conjonctions purement explétives et euphoniques, les particules suivantes : πέρ, γέ, τέ, τοί, ῥά, νύ et quelques autres que l'usage apprendra.

SECONDE PARTIE.

SYNTAXE GRECQUE.

La Syntaxe enseigne à joindre entr'eux les mots d'une même phrase et les phrases entr'elles. Il y a deux sortes de syntaxe :

1° LA SYNTAXE D'ACCORD, par laquelle deux mots s'accordent entr'eux, en genre, en nombre, en cas, etc.

2° LA SYNTAXE DE RÉGIME, par laquelle un mot gouverne un autre mot, et le veut à tel cas, à tel mode, à tel temps.

On va voir ces deux sortes de Syntaxe appliquées aux dix parties du discours dans les dix chapitres de ce second livre. A la fin de chaque chapitre se trouvent les locutions grecques ou françaises qui se rapportent à chacun d'eux.

CHAPITRE PREMIER.

ARTICLE.

SYNTAXE D'ACCORD. L'Article grec s'accorde en genre, en nombre, et en cas avec le nom auquel il se rapporte, exemple :

ὁ λόγος, le discours.

ἡ κεφαλή, la tête.

τὸ δῶρον, le présent.

Il se place ordinairement devant le sujet principal, ex. :

ἡ ἀρετὴ θησαυρός ἐστι, la vertu est un trésor.

Il se redouble pour attirer l'attention sur un objet, ex. :

ἐγώ εἰμι ὁ ποιμὴν ὁ καλός, je suis le pasteur le bon (pasteur).

Il peut se supprimer , quand sa suppression ne peut pas donner lieu à un équivoque , ex. :

πίστις ἐστι ἀρετή, la foi est une vertu (1).

Il peut indifféremment s'exprimer ou se supprimer devant les noms propres, ex. :

Ἀλέξανδρος, ὁ Ἀλέξανδρος, Alexandre.

Il donne la valeur d'un substantif aux adjectifs et aux participes devant lesquels il se place, ex :

οἱ παλαιοί, les anciens (de παλαιός adj).

τὸ καλόν, le beau (de καλός adj).

οἱ κολακεύοντες, les flatteurs (de κολακεύω verbe).

L'article neutre τό peut encore changer en substantif :

L'infinitif des verbes, ex : τὸ λαλεῖν, le parler.

Les adverbes, ex : τὸ ἄνω, τὸ κάτω, le haut, le bas.

Les phrases entières , ex : τὸ καλῶς ἔχειν , le se porter bien, la santé.

Nota. dans ces trois cas, l'article seul se décline : τὸ λαλεῖν, τοῦ λαλεῖν, etc.

Observat. L'article s'emploie poëtiquement pour les adjectifs démonstratifs αὗτος celui-ci, etc., et pour le conjonctif ὅς, ἥ, ὅ, lequel, etc.

Il s'emploie encore souvent avec les démonstratifs et les pronoms possessifs, ex. :

ὁ σὸς δοῦλος, ton esclave; οὗτος ὁ ἀνήρ, cet homme là.

Syntaxe de régime. L'article grec gouverne quelquefois le génitif, mais c'est en vertu d'un substantif sous-entendu auquel il se rapporte, ex:

οἱ Πλάτωνος, (s. ent. μαθηταί) les disciples de Platon.

ὁ Φιλίππου, (s. ent. υἱός) le fils de Philippe. (2)

---

(1) On ne peut pas se méprendre ici sur le sens de la phrase et dire : la vertu est une foi.

(2) Les mots les plus ordinairement sous-entendus sont :

πατήρ père.	μαθητής disciple.	υἱός fils.	οἶκος maison.
μητήρ mère.	ἄνθρωπος homme.	χρόνος temps.	πόλις ville.
θυγάτηρ fille.	ἀδελφός frère.	λόγος discours.	πρᾶγμα affaire

Dans ce dernier exemple, on peut sous-entendre l'article, quand le nom propre est exprimé, ex. :

Ἀλέξανδρος Φιλίππου (s. ent. ὁ υἱός) Alexandre fils de Philippe.

Les adverbes et les prépositions, précédés de l'article masculin ou féminin, peuvent se traduire par les adverbes correspondans, mais précédés de l'article français *de*, ex. :

οἱ παλαί (s. ent. ἄνθρωποι) les hommes *d'autrefois.*

οἱ μετὰ Πλάτωνος (s. ent. μαθηταί) les disciples *de* Platon. (m. a. m. *d'avec.*)

LOCUTIONS GRECQUES SUR L'ARTICLE.

τὸ καὶ τό (πράγμα) telle et telle chose.	πρὸ τοῦ (χρόνου) avant le temps.
τὰ μέν-τὰδέ d'un côté, d'un autre.	ἐν τοῖς (πράγμασι) entr'autres.

CHAPITRE SECOND.

SUBSTANTIF.

—

SYNTAXE D'ACCORD. Quand deux ou plusieurs substantifs, séparés ou non séparés par l'article français *de*, désignent un même objet, ils se mettent en grec au même cas, ex. :

Ἀλέξανδρος βασιλεύς, Alexandre roi *ou* le roi Alexandre.

Ῥώμη πόλις, Rome ville *ou* la ville de Rome.

Les substantifs s'accordent encore entr'eux, quoique séparés par un verbe neutre, ex. :

Ἀλέξανδρος ἀπέθανε βασιλεύς, Alexandre mourut roi (1).

θησαυρός ἐστι ἡ ἀρετή, la vertu est un trésor.

NOTA. L'auxiliaire ἐστί peut très-souvent se sous-entendre, on dit : θησαυρὸς ἡ ἀρετή.

SYNTAXE DE RÉGIME. Quand deux ou plusieurs substantifs, séparés ordinairement par l'article français *de*, ne désignent pas un même objet, le second se met au génitif en grec, ex :

τὸ βιβλίον τοῦ Πέτρου, le livre de Pierre.

---

(1) Il faudra dire la même chose d'un nom et d'un adjectif, ex. : Ὅμηρος ἀπέθανε πωρός, Homère mourut aveugle.

παῖς φύσεως πραϋτάτης, enfant *d'*un naturel très-doux.
ὁ καιρὸς τοῦ ἀναγινώσκειν, le temps *de* lire.

NOTA. On a vu au chapitre précédent que l'infinitif des verbes, précédé de l'article neutre τό, τοῦ, etc., pouvait être considéré comme un véritable substantif.

OBSERVAT. On trouve quelquefois le second substantif à l'accusatif, mais c'est en vertu de la préposition κατά (selon) ou du participe ἔχων (ayant) sous-entendus, ex. :

Σωκράτης τὸ ὄνομα (s. ent. κατά) Socrate de nom, nommé Socrate.
ἀνὴρ τὴν πορφυρίδα (s. ent. ἔχων), homme à la robe de pourpre.

CHAPITRE TROISIÈME.

ADJECTIF.

SYNTAXE D'ACCORD. L'adjectif s'accorde, comme l'article, en genre, en nombre et en cas avec le nom auquel il se rapporte, ex :

ὁ πατὴρ ἀγαθός, le bon père.	ἡ μητὴρ ἀγαθή, la bonne mère.
οἱ πατέρες ἀγαθοί, les bons pères.	αἱ μητέρες ἀγαθαί, les bonnes mères.

OBSERVAT. Quelquefois après un nom masculin ou féminin, l'adjectif se met au neutre, en sous entendant le mot πρᾶγμα (chose), ex. :

ἡ νεότης κοῦφον (πρᾶγμα), la jeunesse légère (chose).

Quelquefois encore, au lieu de faire accorder l'adjectif avec le substantif, on met l'un ou l'autre au génitif, ex. :

οἱ σοφοὶ τῶν ἀνδρῶν, } Les hommes sages.
οἱ ἄνδρες τῶν σοφῶν, }

L'adjectif qui se rapporte à plusieurs objets de même genre, se met au pluriel et prend le genre de ces objets, ex. :

πατὴρ καὶ υἱὸς ἀγαθοί, le père et le fils bons.
μητὴρ καὶ θυγάτηρ ἀγαθαί, la mère et la fille bonnes.

L'adjectif qui se rapporte à plusieurs objets de genres différens, se met au pluriel masculin si ces objets sont animés, et au pluriel neutre s'ils sont inanimés, ex. :

πατὴρ καὶ μητὴρ ἀγαθοί, le père et la mère bons.
ἀρετὴ καὶ κακὸν ἐναντία, la vertu et le vice contraires.

Si deux adjectifs sont de suite en français, le premier en grec se change en adverbe , ex. :

οἱ ἀληθῶς σοφοί, les vrais sages. (m. a. m. les vraiment sages.)

Syntaxe de régime. L'adjectif peut avoir pour régime un substantif ou un verbe.

I° Le *substantif* qui sert de régime aux adjectifs, se met :

Au génitif, après les adjectifs qui expriment l'*abondance*, la *privation* ou quelque *qualité*, comme *plein*, *vide*, *digne de ;* après ceux qui dérivent d'un verbe et sont terminés en ιχος et après les composés d'*a* privatif, ex. :

ἄξιος ἐπαινοῦ, digne de louange.
πορισπτικὸς πάντων . qui pourvoit à tout.
ἀθέατος ἀληθείας, qui ne voit pas la vérité.

Au datif, après les adjectifs qui expriment une *ressemblance*, une *opposition* ou un autre rapport, comme *semblable*, *contraire*, *utile à*, ex. :

ὅμοιος τῷ πατρί, semblable à son père.
ἐναντίος τοῖς νόμοις, contraire aux lois.

A l'accusatif avec πρός, εἰς, ou ἐπί, après les adjectifs qui marquent une *inclination* à quelque chose, comme *porté à*, etc., ex. :

εὐκατάφορος πρὸς τὴν ὀργήν, porté à la colère.

Observat. On trouve quelquefois après un adjectif, un nom à l'accusatif, en vertu d'une préposition sous-entendue, ex. :

ῥωμαλέος τὸ σῶμα (s. ent. κατὰ), robuste quant au corps.

II° Le *verbe* qui sert de régime aux adjectifs, se met à l'infinitif ordinairement sans article. ex. :

ἄξιος ἐπαινεῖσθαι, digne d'être loué.
θαυμασθὸς ἰδεῖν, admirable à voir.

Il prend l'article τό précédé de la préposition πρός ou ἐπί, après les adjectifs *enclin*, *porté* à etc., ex. :

εὐκατάφορος πρὸς τὸ ὀργᾶσθαι, porté à se mettre en colère.

COMPARATIF ET SUPERLATIF.

Régime du comparatif. Si le comparatif a pour *régime* un *substantif*, ce *substantif* peut se mettre au *génitif* sans préposition, ou au même cas que le comparatif avec la conjonction ἤ (en latin *quàm)*, ou enfin à *l'accusatif* avec la préposition ὑπέρ, ex. :

Πλουσιώτερος Κροίσου ou ἢ Κροῖσος ou ὑπέρ Κροῖσον, plus riche que Crœsus.

S'il a pour *régime* un *adjectif* ou un *adver*be, cet adjectif ou cet adverbe se met au comparatif avec ἤ, et l'adjectif prend le même cas que le premier, ex. :

πλουσιώτερος ἢ σοφώτερος, plus riche que sage.

εὐδαιμονεστέρως ἢ σωφρονεστέρως, plus heureusement que prudemment.

S'il a pour régime un *verbe*, ce verbe se met au temps que demande la phrase et toujours avec ἤ, ex. :

πλουσιώτερός ἐστι ἢ δωκεῖ, il est plus riche qu'il ne le paraît.

Nota. Les deux adjectifs ἄλλος et ἕτερος (autre) ont la force d'un comparatif et veulent après eux le génitif : ἄλλος ἐμοῦ, autre que moi.

Régime du superlatif. Le superlatif veut le régime au génitif, ex. :

ὑψηλότατον τῶν δένδρων, le plus haut des arbres.

Le positif a quelquefois la valeur et la force d'un superlatif, ex. :

τὸ ὑψηλὸν τῶν δένδρων , le plus haut des arbres.

On se sert aussi, pour exprimer le superlatif, de la tournure suivante :

τὸ δένδρον ἐν τοῖς μάλιστα ὑψηλόν, l'arbre haut parmi ceux qui le sont le plus.

Le superlatif français est exprimé par le comparatif grec, quand on ne parle que de deux choses, ex. :

ἰσχυρότερα χεροῖν, la plus forte des deux mains : (χεροῖν est au duel).

Nota. Devant le superlatif, on met souvent la conjonction ὡς, ex. : ὡς τάχιστα, le plus vîte possible.

Tous les adjectifs, interrogatif, conjonctif et les adjectifs de nombre ordinaux, s'accordent avec le substantif auquel il se rapportent, mais n'ont pas ordinairemen de régime.

BIBLIOTHÈQUE ROYALE

7

OBSERVAT. sur quelques uns :

1° αὐτός, ἡ, ὁ signifie ordinairement *même* : αὐτὸς βασιλεύς, le roi même.

Précédé de l'article, cet adjectif signifie *le même*, ex. :

ὁ αὐτὸς βασιλεύς, le même roi.

Suivi d'un verbe, il peut remplacer les trois pronoms personnels, ex. :

αὐτὸς λέγω.	αὐτὸς λέγεις.	αὐτὸς λέγει.
je parle moi-même	tu parles toi-même	il parle lui-même

Quelquefois αὐτός peut se traduire par *seul*, ex. :

αὐτός εἰμι, je suis *seul* (moi-même).

Quelquefois aussi il se traduit par *égal à* et gouverne le datif, ex. :

ἄλγη αὐτά σοι πάσχω, je souffre des douleurs égales aux vôtres, (les mêmes que vous).

2° Τίς, τί *interrogatif* s'accorde toujours avec un substantif exprimé ou sous-entendu, et si ce substantif est régime, l'interrogatif est placé devant l'adjectif ou le verbe qui le gouverne, ex. :

τίς λαλεῖ (s. ent. ἀνήρ), qui ou quel homme parle ?

τινὰ λέγεις (s. ent. πράγματα), que ou quelles choses dites-vous ?

τίς suivi d'un pronom au pluriel, met ce pronom au génitif, ex. :

τίς ὑμῶν, qui de vous ?

τί neutre singulier prend encore le sens de *pourquoi*, ex. :

τί λαλεῖν, pourquoi parler ?

3° ὅς, ἡ, ὁ *conjonctif*, avec ses dérivés ὅσπερ, ἥπερ, qui, laquelle ; ὅστις, ἥτις, quiconque, etc., s'accorde, comme le précédent, avec un substantif exprimé ou sous-entendu, ex. :

ὅς ἐστι φιλομάθης ἔσται πολυμάθης, (s. ent. ἡνήρ), qui *ou* celui qui est ami de la science sera savant.

Si le *conjonctif* s'accorde avec le régime d'un adjectif ou d'un verbe, il se met devant cet adjectif ou ce verbe, au cas que l'un ou l'autre demande, ex. :

χρῶμαι χρήμασι ἃ ἔχω, je me sers des biens que j'ai.

Souvent le *conjonctif* conserve le cas du substantif précédent, ex. :

χρῶμαι χρήμασι οἷς ἔχω.

Il peut aussi remplacer entièrement le nom :

χρῶμαι οἷς ἔχω (s. ent. χρήμασι).

S'il se trouve entre deux noms, il s'accorde avec le second, ex. :

τὸ ζῶον ὃν λέοντα ὀνομάζομεν, l'animal que nous appelons lion.

Quelquefois il s'emploie au nominatif pour l'article, ex. : ὃς ἔφη, il dit.

Enfin, suivi aux autres cas des particules μέν, δέ, il s'emploie dans le sens de : *l'un*, *l'autre*, ex. :

ἃς μὲν (πόλεις) ἡναιρεῖ, ἃς δὲ... les unes (villes) il les renverse, les autres...

LOCUTIONS GRECQUES SUR TROIS ADJECTIFS :

δίκαιός ἐστι ἐπαινεῖσθαι, il est juste qu'il soit loué (m. a. m. il est juste d'être loué).
δῆλος ou φανερός ἐστι ψεύδων, il est manifeste qu'il ment (m. a. m. il est manifeste mentant).

NOTA. δίκαιός est toujours suivi de l'infinitif; δῆλος et φανερός du participe.

LOCUTIONS FRANÇAISES TRADUITES PAR UN ADJECTIF GREC :

Le haut de la ville, dites : la ville haute, ἄκρα πόλις.
Le bout de la main, dites : la main extrême, πρυμνὴ χείρ.
Le milieu de la place, dites : la place du milieu, μέση ἀγορά.
A force de temps, πολλῷ χρόνῳ.
Il est *homme à* parler, dites : il est capable de, οἷός ἐστι λαλεῖν.
Il est *tel qu'il* paraît : τοιοῦτός ἐστι, οἷος δοκεῖ.
Tel il est, *tel* il paraît : οἷος δοκεῖ, τοιοῦτός ἐστι.

CHAPITRE QUATRIÈME.

PRONOM.

Les adjectifs-pronominaux-possessifs suivent les règles d'accord, comme tous les autres adjectifs, mais ils sont très-souvent remplacés par le génitif des pronoms personnels, ex. :

πατὴρ ἐμός ou ἐμοῦ, mon père.	πατὴρ ἡμέτερος ou ἡμῶν, nôtre père.
πατὴρ σός ou σοῦ, ton père.	πατὴρ ὑμέτερος ou ὑμῶν, vôtre père.
πατὴρ ἑός ou αὐτοῦ, son père.	πατὴρ σφέτερος ou αὐτῶν, leur père.

NOTA. Les poètes Ioniens emploient l'un pour l'autre le singulier ἑός et le pluriel σφέτερος, quelquefois même ils donnent à ἑός le sens de ἐμός *mien* et de σός *tien*.

Au reste, les pronoms grecs des trois personnes prennent, comme de véritables substantifs, les différens cas que gouvernent les adjectifs, les verbes, etc., ex. :

ὁ μιστὸς ἄξιός ἐστί σου, la récompense est digne de vous.

σὲ φιλεῖ θεός, Dieu vous aime, etc.

CHAPITRE CINQUIÈME.

VERBE.

SYNTAXE D'ACCORD. Tout verbe actif, passif, neutre ou moyen, s'accorde avec son nominatif, en nombre et en personne, ex. :

θεὸς βασιλεύει, Dieu règne.

θεὸς φιλεῖται, Dieu est aimé.

Si le nominatif du verbe est un pronom, ce pronom ne s'exprime pas ordinairement devant le verbe, à moins qu'il ne marque comparaison ou opposition, ex. :

ἀκούω (s. ent. ἐγώ), j'entends.

σὺ μὲν γελᾷς, ἐγὼ δὲ κλαίω, vous riez, moi je pleure.

Le verbe se met au pluriel, quand il se rapporte à deux nominatifs singuliers, ex. :

πατὴρ καὶ υἱὸς ἀθύρουσι, le père et le fils jouent.

ἐγὼ καὶ σὺ ὑγιαίνομεν, vous et moi nous nous portons bien.

NOTA. Si les nominatifs du verbe sont des pronoms, comme dans l'exemple précédent, en grec comme en latin, le pronom de la première personne se met avant les autres; c'est le contraire en français.

Il se met au singulier, quand le nominatif est au pluriel neutre, ex. :

τὰ ζῶα τρέχει, les animaux courent.

Il peut se mettre au singulier ou au pluriel, quand le nominatif est un nom partitif, ex. :

ὄχλος ἐπιρρέει ou ἐπιρρέουσι, la foule se précipite.

SYNTAXE DE RÉGIME. Les verbes peuvent avoir deux régimes, savoir : le régime *direct* et le régime *indirect*.

Le régime du verbe peut-être un substantif, un verbe ou même une proposition entière; de là, trois articles :

ARTICLE PREMIER.

Verbes qui ont un substantif pour régime direct ou indirect.

1° VERBES A SIGNIFICATION ACTIVE.

Après les verbes à signification active, le *substantif* peut être régime *direct* et *indirect*.

RÉGIME DIRECT. Le *substantif* qui sert de régime *direct* aux verbes à signification active, se met ordinairement à l'*accusatif*, ex. :

φιλεῖν θέον, aimer Dieu.

μιμεῖσθαι πατέρα, imiter son père.

Il se met quelquefois au *génitif*, surtout après les verbes qui expriment une opération de l'âme ou des sens, comme : *sentir, admirer, goûter, entendre,* (excepté *voir*), ex. :

τινός ἐπιθυμεῖν, désirer quelque chose.

διδασκάλου ἀκρόασθαι, écouter le maître.

RÉGIME INDIRECT. Le *substantif* qui sert de régime *indirect* aux verbes à signification active, se met :

Au *génitif* sans préposition, après les verbes qui marquent *abondance, privation* et les verbes *absoudre*, etc., ex. :

ἐμπλήθειν κάδδον οἴνου, remplir un tonneau de vin.

Au *génitif* avec πρός, παρά, ἀπό ou ἐκ ou ἐξ, après les verbes *recevoir, demander,* etc., ex. :

παρὰ τοῦ πατρὸς τοῦτο ἐδεχόμην, j'ai reçu cela de mon père.

Au *génitif* avec ἀπό ou ἐκ ou ἐξ, après les verbes *détourner, arracher, délivrer, puiser,* etc., ex. :

τινὰ ἀπείργειν ἀπὸ τοῦ κακοῦ, détourner quelqu'un du mal.

Au *datif* sans préposition, après les verbes *donner, accorder,* etc., ex. :

διδόναι χιτῶνα πένητι, donner un habit au pauvre.

Au *datif* avec ἐν, quand le régime indirect peut se rendre en français par *en, dans* ou *pour*, ex. :

χρόνον διατρίβειν ἐν τῇ γραφῇ, passer le temps à l'écriture.

A l'*accusatif* sans préposition, après les verbes qui signifient *instruire, revétir, convaincre,* etc., ex. :

διδάσκειν παῖδας τὴν γραμματικὴν (s. ent. κατά), instruire les enfans sur la grammaire *ou* enseigner la grammaire aux enfans.

NOTA. Après le verbe ἀφαιρέω (dépouiller), le régime indirect peut se mettre à l'accusatif, au datif, ou au génitif, ex. : ἀφαιρεῖν τινά ou τινί ou τινός dépouiller de quelque chose.

A *l'accusatif* avec πρός, après les verbes qui marquent mouvement ou inclination vers quelque chose, comme *exhorter* etc., ex. :

παρακαλῶ σε πρὸς τὴν ἀρετήν , je vous exhorte à la vertu.

2° VERBES A SIGNIFICATION NEUTRE.

Après les verbes à signification neutre le *substantif* ne peut être que régime *indirect*.

RÉGIME INDIRECT. Le *substantif* qui sert de régime *indirect* aux verbes neutres, se met :

Au génitif sans préposition, après les verbes qui signifient *abonder*, *manquer, se souvenir*, ex. :

δεῖσθαι ἄρτου, manquer de pain.

μέμνησθαι γονέων, se souvenir de ses parents.

Au datif sans préposition, après les verbes προσήκω (convenir), ἐξαρκῶ (suffire); après πάρειμι (être présent) et les autres composés de εἰμί, ainsi que les impersonnels διαφέρει il importe, δοκεῖ il semble etc., ex. :

τοῦτο μοι ἐξαρκεῖ, cela me suffit.

πάρειμι τῷ θεάματι, je suis présent au spectacle.

δοκεῖ μοι, il me semble (il semble à moi).

Au datif avec ἐπί, après *se réjouir, s'énorgueillir*, ex. :

χαίρω ἐπὶ τούτῳ, je me réjouis de cela.

A *l'accusatif* sans préposition, en sous-entendant la préposition κατά, après *souffrir* et quelques autres, ex. :

ἀλγεῖν ὀδόντας , souffrir des dents.

A *l'accusatif* avec πρός, après le verbe *tendre à*, etc., ex. :

τοῦτο προς οὐδὲν διατείνει, cela ne tend à rien.

OBSERVAT. sur les verbes actifs et neutres :

1° Quelques verbes qui sont actifs en français, sont neutres en grec et gouvernent le datif, tels sont εὔχεσθαι (prier), βοηθεῖν (secourir),

(ἐπίκειται *menace*, avec un nominatif de chose inanimée) et quelques
autres, ex. :

> θεῷ εὔχεσθαι, prier Dieu.
> κίνδυνός μοι ἐπίκειται, un danger me menace.

Le verbe σπουδάζω (rechercher), qui en français est actif, est neutre
en grec et veut l'accusatif avec πρός, περί, ou le datif avec ἐπί, ou le génitif avec ὑπέρ, ex. :

> σπουδάζειν περὶ πλοῦτον ou ἐπὶ πλούτῳ ou ὑπὲρ πλούτου, rechercher la richesse.

Les verbes ὠφελεῖν (aider) et ἀρέσκειν (contenter ou plaire à), sont actifs
et neutres en français et en grec et veulent l'accusatif ou le datif, ex. :

> ἀρεσκεῖν τινά ou τινι, contenter quelqu'un ou plaire à quelqu'un.

ἐστί employé comme impersonnel, dans le sens de *il est*, *il importe*, veut
le génitif quelquefois précédé de πρός, ex :

> νεανίου ou πρὸς νεανίου ἐστί, il est d'un jeune homme ou il importe
> à un jeune homme.

2° Si un *même substantif* sert de *régime* à deux verbes qui gouvernent des cas différents, il se met au cas qu'exige le premier et met à sa
place un pronom démonstratif au cas que demande le second, ex. :

> θεὸς φιλεῖ ἄνθρωπον καὶ αὐτῷ βοηθεῖ, Dieu aime l'homme et le secourt.

3° VERBES à signification passive.

Après les verbes à signification passive le *substantif* ne peut être
que régime *indirect*.

RÉGIME INDIRECT. Le *substantif* qui sert de régime *indirect* aux verbes
passifs se met :

Au *génitif* avec ὑπό, πρός ou ἐκ ou ἐξ, si c'est un objet animé, ex. :

> φιλοῦμαι ὑπὸ θεοῦ, je suis aimé de Dieu.

Au *datif* sans préposition, si c'est un objet inanimé, ex. :

> τρυχοῦμαι τῇ λύπῃ, je suis accablé de douleur.

OBSERVAT. Lorsque un verbe *passif* en français doit être traduit par un
verbe grec qui n'a que l'*actif*, il faut tourner la phrase, de sorte que
le nominatif devienne régime et le régime nominatif, ex. :

> πάντες ἄνθρωποι θαυμάζουσιν αὐτόν, il est admiré de tout le monde.
> (en grec : tous les hommes l'admirent).

4° VERBES A SIGNIFICATION MOYENNE.

Après les verbes à signification moyenne, le *substantif* peut être régime *direct* ou régime *indirect*.

Le *substantif* qui sert de régime *direct* ou *indirect* aux verbes moyens se met à l'*accusatif*, ex. :

διαίρεσθαι κλῆρον, se partager un héritage (rég. direct.)
δύσασθαι χιτῶνα, se revêtir d'un menteau (rég. indirect.)

NOTA. Après le verbe grec *se repentir*, le substantif régime indirect se met au génit.f : μεταμελεῖσθαι ἐλκλήματος, se repentir d'un crime.

Ce verbe s'exprime souvent en grec par l'impersonnel μεταμέλει. et alors le nominatif de la phrase en français devient régime direct en grec et se met au datif, ex. :

ἐμοὶ μεταμέλει τούτου, je me répends de cela (m. a. m. à moi est repentir de cela).

ARTICLE SECOND.

Verbes qui ont un autre verbe pour régime direct ou indirect.

Après les verbes actifs, passifs et neutres, le *verbe* peut être régime *direct* ou *indirect*.

Le *verbe* qui sert de régime *direct* aux verbes actifs, passifs ou neutres, se met ordinairement à l'infinitif, ex. :

φιλεῖ ἀθύρειν, il aime à jouer.

Le *verbe* qui sert de régime *indirect* à ces mêmes verbes, se met :

A l'*infinitif* sans article ni préposition, après se *réjouir* et un grand nombre d'autres, ex. :

χαίρω νικῆσαι, je me réjouis d'avoir vaincu.

A l'*infinitif* précédé de τῷ datif de l'article, surtout après les verbes *donner*, *s'appliquer*, etc., ex. :

προσέχειν τῷ ἀναγιγώσκειν, s'appliquer à lire.

A l'*infinitif* précédé de la préposition ἐν et de τῷ datif de l'article, quand en français on peut tourner le verbe par le participe précédé de *en*, ex. :

δαπανάει χρόνον ἐν τῷ ἀναγινώσκειν, il passe son temps à lire (m. a. m. en lisant).

A l'*infinitif* précédé de la préposition πρός et de τό accusatif de l'ar-

ticle, après les verbes *exhorter à, incliner à, pousser à*, etc., ex. :
παρακαλεῖν πρὸς τὸ εὐψυχεῖν, exhorter à avoir bon courage.

Observat. Le *verbe* qui sert de *régime* à un autre verbe et principalement aux verbes, *se souvenir, oublier, cesser, continuer,* se met au participe, en s'accordant avec le nominatif du premier verbe, ex. :

> φιλεῖ ἀθύρων, il aime à jouer (p. jouant).
>
> μέμνημαι λαλήσας, je me souviens d'avoir parlé (p. ayant parlé.)

Article troisième.

Verbes qui ont une proposition entière pour régime.

Les verbes ont quelquefois une *proposition entière* qui leur sert de régime.

Cette proposition est séparée en français des verbes qui la gouvernent par la conjonction *de* ou *que*, qui s'exprime en grec de différentes manières et après laquelle le verbe se met à différens modes, en s'accordant en nombre et en personne avec le sujet de cette proposition, ainsi :

Après les verbes *dire, croire* ou *s'attendre, savoir* ou *ne pas douter, espérer, promettre, se douter, être persuadé*, etc.; *de* ou *que* se rend en grec par ὅτι ou ὡς, et le verbe suivant se met à l'indicatif, ex. :

> νομίζω ὅτι ἀδελφὸς ἔρξεται, je crois *que* mon frère viendra.

Si le sujet du second verbe est un pronom personnel, il se sous-entend ordinairement : νομίζω ὅτι ἔρξεται, je crois *qu'il* viendra.

Observat. Après ces verbes déja cités, on peut retrancher *de* ou *que*, mettre le substantif suivant à l'accusatif et le verbe à l'infinitif présent, futur ou parfait), suivant le sens de la phrase, ex. :

> νομίζω ἀδελφὸν ἔρξεσθαι, je crois que mon frère viendra.

(m. a. m. je crois mon frère devoir venir).

C'est là proprement le *que retranché* des latins.

Dans cette manière de tourner la phrase, le pronom personnel doit toujours être exprimé : νομίζω αὐτὸν ἔρξεσθαι (je crois lui devoir venir).

On trouve encore une autre manière qui tient des deux précédentes : νομίζω αὐτὸν ὅτι ἔρξεται (je crois lui qu'il viendra.)

Nota. 1° Souvent l'infinitif présent en français correspond à l'infinitif aoriste grec ; c'est en général lorsque l'action des verbes n'est pas continue, ex. : νομίζω αὐτὸν ἀπελθεῖν, je crois qu'il part.

2° Les infinitifs conditionnels sont exprimés en grec par l'infinitif aoriste précédé de la particule ἄν : νομίζω αὐτὸν ἂν ἀπελθεῖν, je crois qu'il partirait.

Après les verbes *empêcher*, *défendre*, *de* ou *que* se rend par μή avec l'infinitif ou par ὅπως μή avec le subjonctif, l'optatif et le futur de l'indicatif, s'il n'y a ni négation ni interrogation;

Il se rend par μὴ οὐ avec l'infinitif, s'il y a négation ou interrogation, ex. :

κωλύειν τινά μὴ λαλεῖν ou ὅπως μὴ λαλοῖ, empêcher quelqu'un de parler.

οὐ κωλύειν τινά μὴ οὐ λαλεῖν, ne pas empêcher quelqu'un de parler.

Nota. On trouve aussi le verbe à l'infinitif sans négation : οὐ κωλύειν τινά λαλεῖν.

Après *prendre garde*, *avoir soin*, *conseiller*, *persuader*, etc.; *de* ou *que* se rend par ὅπως avec le subjonctif, le futur de l'indicatif ou l'optatif, s'il n'y a pas de négation ; il se rend par μή ou ὅπως μή, s'il y a négation, ex. :

εἰσηγοῦμαι ὅπως τοῦτο ποιῇς, je vous conseille de faire cela.

εἰσηγοῦμαι μή ou ὅπως μὴ τοῦτο ποιῇς, je vous conseille de ne pas faire cela.

Nota. Le verbe français *dissuader de* correspond en grec au verbe *persuader de ne pas*.

Après *douter*, *se mettre peu en peine*, et l'impersonnel *il importe* ou *qu'importe*, *de* ou *que* se rend par εἰ ou πότερον avec l'indicatif ou par πότερον ἄν avec l'optatif, ex. :

ἀπορῶ πότερον ἂν ἔλθοι, je doute qu'il vienne.

Après *attendre*, *de* ou *que* se tourne par *jusqu'à ce que* et se rend par μέχρι avec le subjonctif, ou par ἕως et ἕως ἄν avec l'optatif ou le futur de l'indicatif, ex. :

μεῖνον μέχρι ἔλθῃ ou ἕως ἂν ἔλθοι, attendez qu'il vienne.

de peut encore se traduire par τοῦ génitif de l'article avec l'infinitif, ex.:

μεῖνον τοῦ πεποιηκέναι τοῦτο, attendez d'avoir fait cela.

Après *craindre*, *appréhender*, *de* ou *que* suivi de *ne* seulement, se rend par μή ou ὅπως μή avec le subjonctif, l'optatif ou le futur de l'indicatif;

Suivi de *ne pas*, il se rend par ὅπως ou μὴ οὐ avec le futur de l'indicatif, ex. :

δέδοικα μὴ ou ὅπως μὴ ἔρξεται, je crains qu'il ne vienne.

δέδοικα ὅπως ou μὴ οὐκ ἔρξεται, je crains qu'il ne vienne pas.

NOTA. Si *craindre* signifie *ne pas oser*, le verbe qui le suit se met à l'infinitif comme régime, d'après la règle de l'article second, page 104, ex. :

οὐ τολμᾷ λαλεῖν, il craint de parler ou il n'ose pas.

Après *mériter*, *être digne*, *de* ou *que* se rend par ὥστε avec l'infinitif, ex. :

ἀξιοῦσθαι ὥστε βασιλεύειν, mériter de régner.

LOCUTIONS GRECQUES SUR LE VERBE.

Sur ἔχω, *avoir*, *être* : θαυμάσας ἔχω, j'admire, je suis admirant.

οὐκ ἔχω ὅ τι λέξω, je ne sais que dire.

Sur τύχω, *être*, *se trouver* : ἔτυχε ἀπιών, il se retirait, il était se retirant.

ἂν τύχῃ, s'il arrive, peut-être.

Sur ἐθέλω, *vouloir*, traduit par l'adjectif *volontiers* : δορεῖσθαι ἐθέλουσι, ils font volontiers des présents, (m. a. m. ils veulent faire des présens.)

Sur πάσχω, *souffrir* : εὖ ἢ κακῶς πάσχειν, être traité bien ou mal.

τί πάθω, que puis-je faire?

Sur λανθάνω, *échapper*, *ignorer*, *être ignoré* :

τίς θεὸν λανθάνειν δύναται, qui peut être ignoré de Dieu (m. a. m. qui peut tromper (les regards de) Dieu?)

Κροῖσος φονέα παιδὸς βόσκων ἐλάνθανε, Crésus ignorait qu'il nourrissait le meurtrier de son fils (m. a. m. Crésus nourrissant le meurtrier... l'ignorait).

Sur κινδυνεύω, *risquer*, *paraître* : κινδυνεύει θεὸς σοφὸς εἶναι, Dieu paraît être (seul) sage.

Sur ὀφείλω, ὀφέλλω *devoir*, *souhaiter* : ὤφελον ou εἰ ὤφελον θανεῖν, plut à Dieu que je fusse mort.

Sur ὀφλισκάνω, *devoir* : ὀφλισκάνειν γέλωτα, s'exposer à la risée; ζημίαν, à l'amende ; ἄνοιαν, au reproche de folie...

Sur φθάνω, *prévenir*, *se hâter*, *ne pas manquer* : ἔφθασαν ἀφικόμενοι, ils se hâtèrent d'arriver.

οὐκ ἂν φθάνοις ἀποθνήσκων, vous ne manquerez pas de mourir.

Sur χαίρω, *se réjouir* : χαίρειν εἰπὼν ἡδοναῖς, disant adieu aux plaisirs.

On trouve l'impersonnel ἐστι pris dans le sens de *il est possible* : ἐστὶ ὅπως...

Il est possible que...;

εὖ οἶδα ὅτι, employé comme entre deux paranthèses dans le sens de *je le sais*.

enfin μέλλει ajouté à la locution τί οὐ : τί οὐ μέλλει, pourquoi non?

LOCUTIONS FRANÇAISES TRADUITES EN GREC PAR UN VERBE.

Il ne tient qu'à moi d'agir, tournez : c'est à moi de, ἐστὶ ἐπὶ μοὶ ὅπως ποιήσω.

Je dois, je suis près de, je suis sur le point de faire, tournez : je dois agir; μέλλω ποιεῖν ou ποιήσειν..

Je saurai, j'aurai soin de, je ne manquerai pas de profiter de l'occasion, tournez :

à moi sera le soin de... μέλησεί μοι καιρῷ χρᾶσθαι; ou encore plus simplement :
je profiterai de l'occasion : καιρῷ χρασθήσομαι.

Observations sur *on l'on* :

Quand le sujet d'un verbe est exprimé en français par *on*, *l'on*, le verbe grec se met :

A la 3e pers. du pluriel, en sous-entendant ἄνθρωποι, ex. :

φιλοῦσι θεόν, on aime Dieu (m. a. m. les hommes aiment Dieu.)

A la 3e pers. du singulier avec τὶς ou πᾶς ἄνθρωπος, ex. :

πᾶς ἄνθρωπος φιλεῖ θεόν, on aime Dieu (m. a. m. tout homme aime Dieu.)

A la 3e pers. de l'indicatif passif, et le régime devient nominatif, ex. :

φιλεῖται θεός, on aime Dieu (m. a. m. Dieu est aimé.)

Nota. *On dit que*, se traduit par λέγεται ὅτι (s. ent. τοῦτο).

Quand on, lorsqu'on, se change en *quiconque* ὅστις, ex. :

ὅστις φιλεῖ θεόν, quand on aime Dieu (m. a. m. quiconque aime.)

Si on, si l'on, se change en *si quelqu'un* εἴ τις, ex. :

εἴ τις φιλεῖ θεόν, si on aime Dieu (m. a m. si quelqu'un aime Dieu.)

On, l'on, suivi d'une négation, se tourne par *personne* οὔτις, ex. :

οὔτις φιλεῖ θεόν, on n'aime pas Dieu (m. a. m. personne n'aime Dieu.)

CHAPITRE SIXIÈME.

PARTICIPE.

Syntaxe d'accord. Le participe s'accorde, comme l'adjectif, en genre, en nombre et en cas avec le nom auquel il se rapporte, ex. :

ὁ παῖς τοὺς γονεῖς φιλῶν εὐλογηθήσεται, l'enfant aimant ses parens sera béni.

Syntaxe de régime. Les participes veulent le régime *direct* ou *indirect* aux mêmes cas que les verbes d'où ils viennent, ex. :

φιλῶν θεόν, aimant Dieu.

φιλούμενος ὑπὸ θεοῦ, aimé de Dieu.

λαμβάνων δῶρα παρὰ φίλου, recevant des présens d'un ami.

Cette règle s'applique aux participes ou adjectifs-verbaux en τέος, α, ον, correspondans aux participes latins en *dus, da, dum*, lorsqu'ils sont employés comme impersonnels et d'une manière absolue, ex. :

τιμητέον ἐστι τὴν ἀρετήν, il faut honorer la vertu.

On peut dire aussi régulièrement : τιμητέα ἐστι ἀρετή, la vertu doit être honorée.

OBSERVATION sur le *génitif absolu* :

Si le participe se rapporte à un substantif qui n'est ni sujet ni régime dans la phrase, ce participe et ce substantif se mettent à un cas appelé *cas absolu*, en sous-entendant le plus souvent une préposition. Ce cas ordinairement est le génitif, ex. :

Ἀλεξάνδρου βασιλεύοντος, sous le règne d'Alexandre (m. a. m. Alexandre régnant.

On peut dire encore avec le nominatif, le datif et l'accusatif :

Ἀλέξανδρος βασιλεύων, Ἀλεξάνδρῳ βασιλεύοντι, Ἀλέξανδρον βασιλεύοντα.

LOCUTIONS GRECQUES SUR LE PARTICIPE.

Les deux participes δέον et ἐξόν donnent le sens d'un nominatif absolu à la phrase devant laquelle ils se trouvent, ex. :

δέον μελετᾶν, ἀθύρει, *tandis qu'il faut* étudier, il joue.
ἐξὸν ἀθύρειν, μελετᾷ, *tandis qu'il est permis* de jouer, il étudie.

Le m. a. m. serait : jouer étant permis, il étudie ; étudier étant nécessaire, il joue.

Les trois participes ἔχων *(ayant)*, μαθών *(ayant appris)*, παθών *(souffrant)*, ne se traduisent pas ordinairement dans les phrases interrogatives, ex. :

τί ἔχων παίζεις, pourquoi t'amuses-tu ? (m. a. m. quoi ayant....)
τί μαθὼν γράφεις, pourquoi écris-tu ? (m. a. m. quoi ayant appris...)
τί παθὼν γοᾷς, pourquoi te lamentes-tu ? (m. a. m. quoi souffrant...)

On dit quelquefois sans interrogation παίζεις ἔχων, tu t'amuses.

φέρων peut souvent ne pas se traduire, quand il est suivi ou précédé d'un autre verbe, ou bien il se traduit par *volontiers*, *tête baissée*, *par fantaisie*, etc.

On dit : τελευτῶν συνεχώρησε, il finit par accorder (m. a. m. il accorda en finissant.)

ἀνύσας δῆσον, achevez de lier (m. a. m. liez achevant.)

LOCUTIONS FRANÇAISES TRADUITES EN GREC PAR UN PARTICIPE.

Après avoir parlé il se tut, tournez : *ayant parlé...* λαλήσας ἐσίγησε.

Sans avoir, avant d'avoir pensé, il écrit, tournez : *n'ayant pas pensé...* οὐκ ἐννοήσας γράφει.

Tuer un homme *malgré ses cris,* tournez : *criant* ou *quoique criant..,* ἄνδρα τανεῖν βοήσαντα ou κἂν βοήσαντα.

Il n'eut pas plutôt parlé qu'il se tut, tournez : *ayant parlé* avec ἀμά... ἀμὰ λαλήσας ἐσίγησε.

Observations sur quelques temps et quelques modes du verbe et du participe.

1° Les voix passive et moyenne ne différent entre elles, comme on a vu dans la première partie, qu'au *futur* et à l'*aoriste*, mais il faut remarquer néanmoins que le *futur moyen* s'emploie souvent dans la syntaxe pour le futur passif et l'*aoriste passif* pour l'aoriste moyen.

Aux autres temps, c'est le sens général qui doit décider si le verbe est employé au moyen ou au passif

2° L'*aoriste* grec s'emploie quelquefois pour un parfait ou un plus-que-parfait, plus souvent pour un imparfait et souvent aussi pour un présent, surtout aux deux modes de l'impératif et de l'infinitif.

3° Il n'y a point en grec de terminaisons pour exprimer le conditionnel; on le forme en plaçant la particule ἄν devant les différens modes, (l'impératif excepté), ex. :

εἰ εἶχεν, ἐδίδου ἄν, s'il avait, il donnerait.

τίς ἄν εἴποι, quelqu'un pourrait dire, quelqu'un dira peut-être.

CHAPITRE SEPTIÈME.

ADVERBE.

Parmi les adverbes, les uns reçoivent un régime, les autres n'en peuvent avoir.

Adverbes *voici, voilà*, en grec ἰδέ, ἰδού : etc. Ces adverbes mettent le nom qui leur sert de régime au nominatif où à l'accusatif, ex. :

ἰδὲ λύκος, ἰδὲ λύκον, voici le loup.

Adverbes de *temps* : ils veulent après eux le génitif, ex. :

τῇ ὑστεραίᾳ μάχης (ἡμέρᾳ), le lendemain du combat.

Adverbes de *manière* : ils veulent le génitif après χάριν (en faveur de), τρόπον (à la manière de), qui se mettent après le régime : et le datif après les adverbes dérivés d'un verbe ou d'un adjectif gouvernant ce cas, ex. :

σοῦ χάριν, en faveur de vous.

ὁμολογουμένως φύσει, conformément à la nature.

Adverbes de *lieu* : ces adverbes veulent le génitif, excepté ἐμπόδων et ὅμοσε (au devant) qui prennent le datif, ex. :

> ποῦ γῆς; en quel lieu de la terre?
>
> ἀνὼ τοῦ δώματος, au haut du palais.
>
> ἐγγὺς, πόῤῥω τῆς πόλεως, près, loin de la ville.

Adverbes de *quantité* : ces adverbes peuvent se trouver devant un *nom*, un *comparatif*, ou un *verbe*.

Devant un *nom*, les adverbes veulent le génitif, et s'ils sont dérivés d'un adjectif, ils peuvent s'exprimer par cet adjectif lequel s'accorde avec le nom qui sert de régime, ex. :

> πολὺ οἴνου ou πολὺς οἶνος, beaucoup de vin.
>
> ὀλίγον οἴνου ou ὀλίγος οἶνος, peu de vin.
>
> πλέον οἴνου ou πλέων οἶνος, plus de vin.

Devant un *comparatif*, les adverbes dérivés d'un adjectif s'expriment par le datif de cet adjectif, ex. :

> πολλῷ βελτίων, beaucoup plus beau.
>
> ὀλίγῳ βελτίων, un peu plus beau.

Devant un *verbe* d'estime, ils s'expriment par le génitif du même adjectif, ex. :

> πολλοῦ, ὀλίγου ποιεῖν, estimer beaucoup, peu.

NOTA. *Que* adverbe est toujours exprimé par ὡς, excepté devant les substantifs où il se change en ὅσος, η, ον, ou πόσος, η, ον, ex. :

> ὡς ὀλίγον οἴνου ou ὀλίγος οἶνος, que peu de vin.
>
> ὅσον οἴνου ou ὅσος οἶνος, que de vin.

Mais si devant un verbe il peut se tourner par *plut à Dieu que*, il se rend par εἴθε avec l'optatif, ex. : εἴθε ἔλθοι, que n'est-il venu ou plût à Dieu qu'il fut venu.

Les principaux adverbes de *négation* sont : οὐ et μή.

οὐ nie formellement, ex. : οὐ λαλῶ, je ne parle pas.

μή nie d'une manière dépendante, ex. : δεδοίκεναι μή τι γένηται, craindre que quelque chose n'arrive.

OBSERVAT. Deux négations ne se détruisent pas en grec, si elles se rapportent à un même verbe, mais si elles se rapportent à plusieurs, elles équivalent à une affirmation, ex. :

> οὐδεὶς οὐ λαλεῖ, personne ne parle.
>
> ἀνήρ οὐ γλίχεται οὐκ εὐδαιμονεῖν, l'homme ne désire pas de n'être pas heureux *ou* désire être heureux.

Adverbes d'*affirmation* ou de *serment.* ce sont :

Devant un verbe, ναί, ἦμέν (oui), ex. :

ναὶ τοῦτο ἐποίησα, oui, j'ai fait cela.

Devant un nom à l'accusatif :

νή, ναὶ μά, pour affirmer, ex. : ναὶ μὰ Δία, oui, par Jupiter.

μά, οὐ μά, pour nier, ex. : οὐ μὰ Δία, non, par Jupiter.

Adverbes *d'interrogation.* ce sont :

μῶν, ἆρα, ἤ, sans négation, ex. : ἤ λαλεῖς, parlez-vous ?

οὐ, μή, πῶς οὐ, ἆρα μή, avec négat. ex.: ἆρα μὴ λαλεῖς, ne parlez-vous pas ?

LOCUTIONS FRANÇAISES TRADUITES EN GREC PAR UN ADVERBE.

Cela *ne fait que, ne sert qu'à* m'irriter, tournez : cela m'irrite *seulement,* τοῦτο
με μόνον ἀγριαίνει.

*Venir de, ne faire que d'*arriver, tournez : arriver *récemment,* ἄρτι ἀφικνεῖσθαι.

Avoir de la peine à marcher, tournez : marcher *difficilement,* μόγις πορεύεσθαι.

Avoir beau raisonner, tournez : raisonner *en vain,* μάτην λογίζεσθαι.

*Ne pas laisser d'*agir, tournez : agir *cependant,* ὅμως ἄγειν.

Ce n'est pas à dire pour cela que je sois méchant, tournez : *cependant* ou *pour cela*
je ne suis pas..., ὅμως οὐκ εἰμι πόνηρος.

Ne pouvoir s'empêcher, se défendre de parler, tournez : ne pouvoir *ne pas* parler,
οὐ δύνασθαι μὴ λαλεῖν.

*C'est ainsi qu'*il faut faire, tournez : il faut faire *ainsi,* οὕτως ποιεῖν δεῖ.

CHAPITRE HUITIÈME.

PRÉPOSITION.

SYNTAXE DE RÉGIME. Si les prépositions sont suivies d'un substantif, ce substantif se met aux cas que chacune peut gouverner, (voyez pag. 90) ex. :

ἀντὶ τοῦ ξίφους τὸ ξύλον ἔλαβε, pour une épée *ou* au lieu d'une épée,
il prit un bâton.

μετὰ τὸ δεῖπνον, après le repas.

Si elles sont suivies d'un verbe, ce verbe se met à l'infinitif, en se
déclinant au moyen de l'article neutre τὸ, τοῦ, etc., ex. :

μετὰ τὸ δειπνῆσαι, après avoir pris le repas (m. a. m. après le avoir pris...)

Le sens des prépositions varie souvent d'après les cas qu'elles gouvernent, ex. :

περὶ τίνος λέγειν , parler *de* ou *sur* quelqu'un.
περὶ τίνι δεδιέναι , craindre *pour* quelqu'un.
περὶ τίνα ἁμαρτάνειν , pêcher *contre* quelqu'un.
μετὰ σοῦ, *avec* vous ; μετὰ σέ, *après* vous, etc.

Les prépositions exprimées ou sous-entendues gouvernent encore les
noms qui marquent la *matière*, la *valeur*, le *temps*, le *lieu* etc. et les
veulent à différents cas, ainsi :

On met au *génitif* :

Le nom de *matière*, ex. : ἀγγεῖον χρυσοῦ (ἐκ) vase d'or.

Le nom de *valeur*, ex. : τοῦτο ὤνιόν ἐστι χρυσοῦ (ἀντί), cela coute de l'or.

Le nom de la *partie*, ex. : χειρὸς τίνα λάβειν (ἐκ), prendre quelqu'un
par la main.

On met au *datif* :

Le nom de *manière*, ex. : νικᾷν τῷ κάλλει (σύν), l'emporter en beauté.

Le nom d'*instrument*, ex. : τύπτειν τῷ ξίφει (σύν), frapper de l'épée.

Le nom de *cause*, ex. : ἀποθάνειν λιμῷ , mourir de faim.

On met à l'*accusatif* :

Le nom de *mesure*, ex. : τρεῖς ὀργυιάς (περί), long de trois aunes.

Le nom de *distance*, ex. : ἀπέχειν πέντε σταδίους, être éloigné de cinq
stades.

NOTA. Quelquefois le nom de la partie se met au datif : χειρὶ λάβειν prendre par la main; le nom de
la cause au génitif avec ὑπό ou ἐκ ou ἐξ : ὑπὸ λιμοῦ ἀποθάνειν, mourir de faim ; et le nom de distance
à l'accusatif précédé de περί et du nombre ordinal : περὶ τὸ πέμπτον στάδιον , au cinquième stade.

Le nom de *temps* se met à différents cas, suivant les rapports des prépositions exprimées ou sous-entendues qui le gouvernent, ainsi :

1° Le nom de temps auquel une chose s'est faite ou se fera (ou question *quando*), se met au datif, quelquefois avec la préposition
ἐν , ex. :

ἔρξεται τρίτῃ ὥρᾳ ou ἐν τρίτῃ ὥρᾳ, il viendra à la troisième heure.

2° Le nom de temps pendant lequel une chose a duré ou durera (ou

8

question *quandiù*), se met à l'accusatif précédé quelquefois de la préposition κατά ou παρά, ex. :

τρία ἔτη ou κατὰ τρία ἔτη ἐβασίλευσε, il a régné trois ans.

3° Le nom de temps depuis lequel une chose se fait (ou question à *quo tempore*) se met à l'accusatif sans préposition et avec le nombre ordinal, ou au génitif avec ἀπό et le nombre cardinal, ex. :

τρίτον ἔτος ou ἀπὸ τρίων ἔτων βασιλεύει, c'est la troisième année qu'il règne ou il règne depuis trois ans.

4° Le nom de temps pendant lequel une chose s'est faite ou se fera (ou question *quanto tempore*) se met au génitif avec ἔντος ou au datif avec ἐν, ex. :

ἐν ἓξ ἡμέραις, ou ἔντος ἓξ ἡμερῶν, en six jours.

NOTA. Quelquefois le nom de temps pendant lequel une chose se fait, se met au génitif : τρίων ἔτων ἐβασίλευσε, il a régné trois ans ; le nom de temps depuis lequel une chose se fait, se rend par la tournure suivante : τρία ἔτη εἰσί, ἀφ' οὗ.... il y a trois ans (depuis) qu'il règne.

Le nom de *lieu* se met aussi à différens cas, suivant les divers rapports des prépositions qui le gouvernent, ainsi :

1° Le nom de lieu où l'on est (ou question *ubi*), se met au datif avec la préposition ἐν, et le nom de la personne chez qui l'on est au datif avec παρά, ex. :

ἐν οἴκῳ εἶναι, être à la maison.
εἶναι παρὰ τῷ βασιλεῖ, être chez le roi.

2° Le nom de lieu où l'on va (ou question *quò*), se met à l'accusatif avec εἰς, πρός ou ἐπί, et le nom de la personne chez qui l'on va, à l'accusatif avec πρός ou παρά, ex. :

εἰς τὸν οἶκον ἥκειν, aller à la maison.
πρὸς τὸν βασιλέα ἥκειν, aller chez le roi.

3° le lieu d'où l'on vient (ou question *undè*), se met au génitif avec ἀπό ou ἐξ, et le nom de la personne au génitif avec παρά.

ἐξ οἴκου ἥκειν, venir de la maison.
παρὰ βασιλέως ἥκειν, venir de chez le roi.

4° Le lieu par où l'on passe (ou question *quà*), se met au génitif avec διά, ou à l'accusatif avec διά, κατά ou ἀνά, et le nom de la personne au génitif précédé de διὰ οἰκίας (par la maison de), ex. :

διὰ τοῦ οἴκου ou διὰ τὸν οἶκον πορεύεσθαι, passer par la maison.
διὰ οἰκίας τοῦ βασιλέως πορεύεσθαι, passer par chez le roi.

Nota. On trouve à la question *ubi* : ἐν ᾅδου (sous-entendu οἴκῳ)aux enfers; et à la question *quô* , εἰς ᾅδου (sous-entendu οἶκὸν). Les poètes disent souvent οἴκαδε pour εἰς οἶκον. On emploie aussi certaines terminaisons pour représenter les diverses questions de lieu (voyez aux adverbes, pag. 88.)

Observat. Assez souvent les prépositions n'ont point de régime; elles s'emploient alors comme de véritables adverbes, ex. :

ἀνά, en haut.	περί, à l'entour.	ἀπὸ, derrière.
κατά, en bas.	παρά, à côté.	σύν,conjointement, etc.

LOCUTIONS GRECQUES SUR LES PRÉPOSITIONS.

ἀνὰ πᾶν ἔτος, chaque année.	κατὰ γνώμην, à souhait.
ἄνα, lève-toi (p. ἀνά-στήθι.)	τὸ καθ' ἡμᾶς, ce qui nous regarde.
ἀφ' οὗ, depuis que.	παρὰ γνώμην, contre toute attente.
ἐν αἰτίᾳ εἶναι, être accusé.	πρὸς τούτοις, outre ces choses.
ἐν λόγῳ τίθεσθαι, faire cas.	ἐς ἀεί, à jamais.

οἱ μὲν ἐπὶ ἀσπίδα, οἱ δ' ἐπὶ δόρυ, les uns à gauche, les autres à droite. (m. a. m. du côté du bouclier, du côté de la lance.)

CHAPITRE NEUVIÈME.

CONJONCTION.

Parmi les conjonctions, quelques-unes prennent une acception différente, suivant la place qu'elles occupent dans la phrase; quelques autres veulent à divers modes le verbe qui les suit.

καί (et) qui sert ordinairement à lier deux membres d'une phrase, veut dire quelquefois : *encore, même, aussi*, ex. :

καὶ ἐχθροὺς φιλεῖν, aimer même ses ennemis.

οὐδε, μήδε (ni) signifie quelquefois : *pas même*, ex. :

οὔτινα μισεῖν, οὐδὲ ἐχθρόν, ne haïr personne, pas même son ennemi.

γάρ (car, en effet) n'est jamais le premier mot d'une phrase; il est quelquefois interrogatif, ex. :

ἔτι γάρ γαῖαν φιλεῖς; est-ce que tu aimes encore la terre?

δέ (mais) ne commence non plus jamais une phrase ; mais il signifie quelquefois *or* qui commence souvent une phrase en français.

NOTA. Les adverbes μέντοι, καίτοι, ἀλλὰ μήν, οὐ μὴν ἀλλὰ, ont la même signification. Ils ont souvent après eux, ἄρα, οὖν, οὐκοῦν qui veulent dire *donc*.

εἰ (si) veut le verbe suivant à l'indicatif, à l'optatif et quelquefois au subjonctif, ex. :

εἴ τις ἔλθει ou ἔλθοι ou ἔλθῃ, si quelqu'un vient.

NOTA. Avec εἰ, le verbe se met au futur de l'indicatif, quand le sens peut le permettre, ex. :
εἴ τις ἔρξεται, si quelqu'un vient (m. a. m. viendra).

ἄν, ἐὰν, ἤν (si) veulent ordinairement le verbe au subjonctif, ex. :

ἐάν τις ἔλθῃ, si quelqu'un vient.

ἵνα, (poét. κέ) ὡς et ὅπως, *afin que,* veulent le subjonctif ou l'optatif, ex. :

ἵνα ou ὅπως ἔλθῃς ou ἔλθοις, afin que vous veniez.

Il en est de même de ἵνα ἄν, ὅπως ἄν, et de ἵνα μή, ὅπως μή avec négation.

OBSERVAT. la conjonction ἄν seule ou précédée d'une autre conjonction, comme ἕως ἄν, ἐπεὶ ἄν, etc. est ordinairement suivie d'un subjonctif et quelquefois d'un optatif.

ὡς, ὥςτε, pouvant se traduire par *pour,* est souvent suivi d'un infinitif, ex. :

οὕτω κάλος ὥστε ἀφίεναι, assez bon pour pardonner.

ὡς veut aussi dire, *ainsi* : ὡς εἶπε, il parla ainsi.

ἕως, signifiant *comme* ou *tandis que* veut l'indicatif ; signifiant *jusqu'à ce que,* il veut toujours le futur de cet indicatif, ex. :

ἕως ὑγιαίνομεν, tandis que nous nous portons bien.

μεῖνον ἕως ἔρξεται, attendez jusqu'à ce qu'il vienne (p. viendra).

On trouve employés dans le même sens, ἕως ἄν, ἕως ὅτε.

LOCUTIONS FRANÇAISES TRADUITES PAR UNE CONJONCTION GRECQUE.

Bien loin d'être un pasteur, c'est un loup : μήτοιγε ποιμὴν. λύκος ἐστι.
Pour un enfant, *eu égard à* un enfant : ὡς ou κατὰ παῖδα.
Pour avoir salué, tournez : *quoique* j'ai salué : εἰ καί avec le subjonctif.
Quelque sage qu'il soit, tournez : *quoiqu'il soit très sage,* εἰ καὶ σοφώτατος ᾖ.
Un temps viendra que, χρόνος ἥξει ὅτε...
Il dit qu'il était : ἔλεγε ὅτι εἴμι.

NOTA. Dans cette tournure assez souvent usitée dans le grec, ὅτι sert à joindre les deux membres de la même phrase : il peut s'expliquer par *savoir* : il dit ceci, *savoir* : je suis....

CHAPITRE DIXIEME.

INTERJECTION.

Syntaxe de régime. Les interjections gouvernent :

Le nominatif, ex. : ὢ ἐγώ δεῖλος, ô malheureux que je suis !

Le génitif, ex. : ὢ τῆς εὐδαιμονίας, ô bonheur !

Le datif, ex. : οἴ μοι δείλῳ, ô malheureux que je suis !

L'accusatif, ex. : ὢ δεῖλον με, malheureux que je suis !

On emploie souvent l'interjection ὦ devant le vocatif des noms et des adjectifs : ὦ φίλε, ô mon ami.

———

APPENDICE.

1° Sur les dialectes.
2° Sur l'accentuation.
3° Sur l'écriture des nombres en grec.
4° Sur la formation des mots ou *dérivation* et *composition*.

1° DIALECTES.

On a vu dans le premier livre les divers dialectes appliqués à chaque partie du discours ; nous donnons ici le résumé général et les règles des quatres principaux.

Dialecte attique.

Ce dialecte aime les contractions et les consonnances dures et fortes, il change :

ε (augment.) en η : ἤμελλον, p. ἔμελλον.

ο en ου : τυψοῦμαι p. τύψομαι.

σ en { ξ : ξύν p. σύν.
ρ : ταῤῥεῖν p. ταρσεῖν.

σσ en ττ : πράττω p. πράσσω.

οιμι en οιην à l'optatif.

εσαι ou η en ει, à la 2e pers. de l'ind. pass.

έτωσαν, ἔσθωσαν en όντων, ἔσθων, à la 3e pers. de l'impér. actif et passif.

Il ajoute ι à la fin de quelques mots et le retranche dans les dipthongues, αι et ει : οὑτοσί p. οὗτος ; πλέον p. πλεῖον.

Il retranche quelquefois le σ du futur actif et en contracte ensuite la terminaison αω, εω : νομι-ῶ p. νομί-σω ; φιλ-ῶ p. φιλέ-σω.

Il a un redoublement particulier appelé *attique* : ἀγήγερκα p. ἤγερκα.

DIALECTE IONIEN.

Ce dialecte rejette les contraction et aime les consonnances douces : Il change :

αυ en ωύ : Θώϋμα p. Θαῦμα.

ει et ᾳ en ηί : ῥηΐδιος, μνημήϊον p. ῥάδιος, μνημεῖον.

ου en
$\begin{cases} εω : ποιήτεω\ p.\ ποιήτου. \\ οιο : λόγοιο\ p.\ λόγου. \\ ευ : σεῦ\ p.\ σοῦ. \end{cases}$

α en
$\begin{cases} ε : ὁρέομεν\ p.\ ὁράομεν. \\ η : περήσω\ p.\ περάσω. \end{cases}$

εο en   ευ : πλεῦνες p. πλέονες.

ειν en
$\begin{cases} εα : ἐτετύφεα\ p.\ ἐτετύφειν. \\ εμεν\ ou\ ἐμεναι : τύπτεμεν, τυπτέμεναι\ p.\ τύπτε.ν. \end{cases}$

συ en   εσκον : τύπτεσκον p. ἔτυπτον.

οιντο en   οιατο : τυπτοίατο p. τύπτοιντο.

Il change les brèves en longues et en diphthongues : βασιλῆος, ξεῖνος p. βασιλέος, ξένος ;

Les diphthongues et les longues en brèves : κρέσσων, ἔσσων p. κρείσσων, ἥσσων.

Il n'églige l'augment, ajoute ι à la terminaison du datif pluriel, il ajoute la voyelle ι et retranche la première consonne d'un mot pour adoucir la prononciation : μούσ-ησι, ἀδελφ-ε-ός, αἶα p. γαῖα, ἀδελφός, μούσης ou μούσαις.

DIALECTE DORIEN.

Ce dialecte se change :

ε, η, ω en α : μέγαθος, φάμα, μουσᾶν p. μέγεθος, φήμη, μουσῶν.

ο en
$\begin{cases} α : εἴκατι\ p.\ εἴκοσι. \\ ου : τυψοῦμαι\ p.\ τύψομαι. \end{cases}$

αυ en ω   : ὦλαξ p. αὖλαξ.

ου en
$\begin{cases} α : αἰχμητᾶ\ p.\ αἰχμητού, \\ ω : βῶς\ p.\ βοῦς. \\ ευ : ἐτύπτευ\ p.\ ἐτύπτου. \\ οι : τύπτοισι, τύπτοισα\ p.\ τύπτουσι, τύπτουσα. \end{cases}$

ειν, ησαν en εν : τύπτεν, ἔτυφεν p. τύπτειν, ἐτύφθησαν.

ζ et θ en δ : δεύς p. ζεύς; ἀνθηρός p. ἀνθηρός.

σ en
$\begin{cases} δ : ὀδμή\ p.\ ὀσμή. \\ τ : τύ\ p.\ σύ. \\ ξ : νομίξω\ p.\ νομίσω. \end{cases}$

λ en ν   : φίντατος p. φίλτατος.

ζ en σδ   : συρίσδω p. συρίζω.

Il transpose quelquefois le ρ et quelquefois le retranche : βάρδιστος p. βράδιστος ; σκᾶπτον p. σκῆπτρον.

Il change encore mais rarement 6 en γ, γ en δ, λ en ρ : γλέφαρα p. βλέφαρα, etc.

DIALECTE EOLIEN.

Ce dialecte change :

α en αι : μούσαις p. μούσας.
ᾳν en αῖν : γελαῖν p. γελᾶν.
o en υ : ὄνυμα p. ὄνομα.
ου en { αο : αἰχμητάο p. αιχμητοῦ.
{ οι : μοῖσα p. μοῦσα.

Il change entr'elles les muettes du 1ᵉʳ ordre, ainsi que le μ : ὄππατα p. ὄμματα ; ἀμπί p. ἀμφί.

Il change encore l'esprit rude en 6 devant le ρ, et redouble les consonnes placées entre deux voyelles : 6ρόδον p. ῥόδον ; ὄσσον p. ὄσον.

II. ACCENTUATION.

Tout mot de plusieurs syllabes reçoit un accent appelé *intonation* ou accent toni-que, du mot grec τόνος.

RÈGLES GÉNÉRALES.

1° Il n'y a que les trois dernières syllabes d'un mot qui puissent recevoir l'accent, l'accent ne voulant jamais après lui plus de deux syllabes.

2° Il n'y a que les deux dernières qui puissent le recevoir, quand la syllabe finale est longue, une finale longue équivalant à deux syllabes brèves.

Ainsi, la quantité de la finale détermine la position de l'accent ; il faut donc, avant tout, donner les règles de cette quantité :

RÈGLE.

Les finales des mots sont généralement brèves.

Il faut excepter de cette règle :

1° les trois voyelles douteuses α, ι, υ, qui dans plusieurs cas sont longues (1).

---

(1) La voyelle α est longue :
Quand elle a un ι souscrit, ἀληθείᾳ.
Dans tous les noms en ιᾳ, φιλίᾳ.
Dans presque tous ceux on ᾶα, θα, ζα et ρα; ρίζα, ἡμέρα.
Dans les dissyllabes en ειᾳ, λεία.

2° Toutes les diphtongues, excepté αι et οι (cette dernière est cependant longue à l'optatif);

3° Les deux voyelles η et ω, longues de leur nature.

POSITION DES ACCENS :

1° L'accent aigu peut seul se placer sur les trois dernières syllabes d'un mot, savoir :

Sur l'antépénultième, pourvu que la finale soit brève.

Sur la pénultième   }
Sur la dernière   }   n'importe que la finale soit brève ou longue.

2° L'accent grave ne peut se placer que sur la dernière syllabe.

3° L'accent circonflèxe peut se placer sur la dernière ou sur la pénultième, quand la dernière est brève, mais toujours sur une syllabe longue qui est produite ou censée produite par une contraction.

CHANGEMENT DES ACCENS.

1° L'accent *aigu*, placé sur l'antépénultième d'un mot (dont la finale est nécessairement brève), descend sur la pénultième, si la finale de ce mot devient longue : ἄνθρωπος, gén. ἀνθρώπου.

2° L'accent *aigu*, placé sur la dernière syllabe d'un mot joint au mot suivant par la prononciation, se change en grave : ἅγιός θεός, dites ἅγιὸς θεός.

3° L'accent *aigu* se change en circonflèxe dans les mots qui souffrent contraction, si, avant la contraction, il doit se trouver sur la première ces deux voyelles contractées : p. ὁράομεν, dites ὁρῶμεν; p. δόορον, dites δῶρον.

Mais s'il devait être sur la seconde des voyelles contractées, il reste aigu après la contraction : ὁραόμεθα, dites ὁρώμεθα; δοόρου dites δώρου.

Dans les noms en ϵια venant des verbes en ϵυω ; βασιλεία.
Au nominatif en ας et au génitif en ας et en α , de la première décliraison μονίας , etc.
Au duel en α de la première déclinaison , ἡμέρα.
Dans les adjectifs féminins de la première classe , excepté πότνια, δῖα.
Dans les noms de la troisième déclinaison , génitif ανος ; παιάν , ἄνος.
Dans les participes aoristes en ας; λύσας.

La voyelle ι est longue:

Dans les noms de la troisième déclinaison , génitif ινος; ἀκτίν , ινος
Dans les additions attiques , οὑτοσί.

La voyelle υ est longue:

Dans le nom de la troisième déclinaison , génitif υνος;
Dans les monosyllabes en υς ; μῦς.
Dans les noms en υρ : μάρτυρ.
A l'impératif et aoriste 2 des verbes en μι.
Dans les adverbes en υ : μεταξύ.

RÈGLES PARTICULIÈRES.

ACCENT

Dans les noms, les adjectifs et les participes.

RÈGLE 1re. L'accent, dans la déclinaison des noms, des adjectifs et des participes, reste le même et à la même place qu'au nominatif, à moins que la quantité de la finale ne s'y oppose : ἡμέρα, ἡμέρας; θείς, θέντος, etc.

EXCEPT. Les monosyllabes de la 3e déclinaison placent l'accent sur la terminaison, au génitif des trois nombres; aux autres cas, ils le gardent sur le radical et changent l'aigu en circonflexe : θήρ, θηρός, θηρί, θῆρα, etc.

RÈGLE 2e. L'accent aigu qui est placé sur la dernière syllabe au nominatif des noms des deux premières déclinaisons, se change en circonflexe aux génitif et datif des trois nombres : κεφαλή, ὁδός; κεφαλῆς, ὁδοῦ, etc.

RÈGLE 3e. L'accent aigu, placé sur la pénultième syllabe au nominatif des noms de la première déclinaison, descend sur la dernière au génitif pluriel : ἡμέρα, ἡμερῶν p. ἡμεράων.

EXCEPT. Devant les terminaisons ionienne et attique du génitif εως, εων qui ne sont regardées que comme une seule syllabe, l'accent demeure sur la pénultième, ex. : πόλις, πόλεως, πόλεων.

RÈGLE 4e Les adjectifs en τεος, τος, ικος, prennent l'accent : le premier sur ε, les deux autres sur ο : ποιητέος, ποιητός, ποιητικός.

EXCEPT. Les adjectifs en τος, reculent l'accent dans les composés : ὁρατός, ἀόρατος. Les autres adjectifs relatifs, possessif, etc., suivent la règle générale.

ACCENT

Dans les comparatifs, superlatifs et verbes.

L'accent, dans les comparatifs, les superlatifs et les verbes, se retire autant que la quantité de la dernière syllabe le permet, sauf les exceptions suivantes :
1° Ont l'aigu sur la dernière :

Dans l'actif { les 5 impérat. εἰπέ, εὑρέ, ἐλθέ, λαβέ, ἰδέ.
{ les participes parfaits 1 et 2 et aor. 2.
Dans le passif : les participes aoristes 1 et 2.

2° ont l'aigu sur la pénultième :
Dans l'actif : les infinitifs en ναι et σαι, pénultième brève.
Dans le passif : les infinitifs et participes, pénultième brève.
Dans le moyen : l'infinitif aoriste 2.

3° Ont le circonflèxe sur la dernière :

Dans l'actif : les futurs 2. et le subj. des verbes en μι.

les aor. 2. βῆ, φῆ, φῦ, p. ἔβη, etc.

Dans le passif : le subj. aoriste 1. et 2.

Dans le moyen : l'impératif aor.2.

ACCENT.

Dans les prépositions.

Les prépositions de deux syllabes, placées devant le substantif qui leur sert de régime, prennent l'accent sur la seconde, ex. : μετὰ αὐτόν , apres lui.

Ces prépositions, excepté ἀμφί, ἀντί, ἀνά, διά, placées après le substantif, prennent l'accent sur la premiere, ex : αὐτὸν μέτα, après lui.

ACCENT.

Dans les proclitiques et les enclitiques.

Les *proclitiques*, ainsi appelées de προκλίνω, sont des mots monosyllabiques qui *s'appuient* sur le mot qui les suit et semblent ne faire qu'un avec lui. Il y en a quatorze, savoir :

Cinq avec l'esprit rude : ὁ, ἡ, οἱ, αἱ, ὡς.

Neuf avec l'esprit doux : εἰ, ἐν, ἐς, οὐ, οὐχ, ἐκ, ἐξ.

Placées devant le mot sur lequel elles s'appuient, elles perdent l'accent : ὡς θεός.

Placées après ce même mot, elles prennent l'accent aigu : θεὰ ὥς.

Suivies d'une enclitique, elles en reçoivent l'accent : εἴ τις...

Lès *enclitiques*, ainsi nommées de ἐγκλίνω, sont des mots d'une ou deux syllabes qui s'appuient sur le mot qui les précède.

Les enclittques monosyllabes sont :

Les particules πώ, τέ, τοί, θήν, θέν, γέ, κέ, πέρ, ῥά,νύν, θί, δέ ;

Les adverbes πώς, πῆ, ποί, πού; les pronoms, excepté σύ et σφώ ; l'indéfini τις, τι.

Les enclitiques dissyllabes sont : les adverbes ποθί, ποθέν, ποτέ;

Les pronoms σφίσι, σφωέ, σφέας.

L'indéfini τὶς, τινός à tous les cas; l'indicatif présent des verbes εἰμί et φημί, excepté les secondes pers. du sing. εἴ, φῆς.

Précédées d'un mot marqué sur la dernière syllabe de l'accent aigu ou circonflexe, elles perdent leur accent : θεός τε, θεοῦ τε.

Précédées d'un mot marqué de l'aigu sur la seconde, les enclitiques monosyllabes seulement perdent leur accent : ἄνδρα τε, ἄνδρα τινά.

Précédées d'un mot marqué de l'aigu sur la troisième ou du circonflèxe sur la seconde, elles portent leur accent sur la dernière syllabe du mot précédent : ἄνθρωπός φησι, δῆμός φησι.

OBSERVATIONS.

Les pronoms cessent d'être enclitiques, quand ils sont gouvernés par une préposition : μετὰ σοῦ.

Il en est de même de la particule δέ, quand elle marque opposition, et de ἐστί 3ᵉ personne du singulier :

Au commencement d'une phrase ou précédé de : εὖ, καί, μέν, πή, οὐκ, ὡς, ὅτι, ποῦ, ἀλλ᾽, τοῦτ᾽ (p, ἀλλα. τοῦτο.)

ACCENT

Dans les mots composés.

Les mots composés retirent généralement l'accent autant que la quantité peut le permettre : φιλόσοφος, ἄν-αγε (p. ἀνά-άγε.)

Ceux en ος, dérivés du parf. 2. ont le sens passif avec l'accent sur l'antépénultième : Θεό-τοκος *celui qui est engendré par Dieu* ou fils de Dieu, Θεο-τόκος *celle qui engendra Dieu* ou mère de Dieu.

L'accent circonflexe demeure toujours sur l'augment temporel des verbes de deux syllabes : ἦρχε, ὑπῆρχε.

III. MANIÈRE D'ÉCRIRE LES NOMBRES.

Pour représenter les nombres en grec, on se sert des lettres de l'alphabet, de trois manières :

1º Si le nombre à écrire ne dépasse pas celui des lettres, c'est-à-dire de 24, chaque lettre de l'alphabet en représente un, depuis α qui représente 1 jusques à ω qui représente 24, comme on le voit dans les chants de l'Iliade d'Homère.

2º Pour écrire des nombres plus élevés, on divise les lettres en trois classes, savoir :

Les unités représentées par les 8 premières lettres, plus le signe ς (ἐπίσημον) qui représente 6.

Les dizaines représentées par les 8 lettres suivantes, plus le signe ϙ (κόππα) qui représente 90.

Les centaines représentées par les 8 dernières, plus le signe ϡ (σάμπι) qui représente 900.

Les lettres, quand elles représentent les unités, les dizaines et les centaines, sont marquées d'un trait par-dessus; si le trait est par dessous, les mêmes lettres représentent les unités de mille, les dizaines de mille et les centaines de mille. Voici ce double tableau :

Unités.		dizaines		centaines.		unit.de mille.		diz. de mille.		cent. de mille.	
α′	1	ι′	10	ρ′	100	͵α	1,000	͵ι	10,000	͵ρ	100,000
ϐ′	2	κ′	20	σ′	200	͵ϐ	2,000	͵κ	20.000	͵σ	200,000
γ′	3	λ′	30	τ′	300	͵γ	3,000	͵λ	30.000	͵τ	300,000
δ′	4	μ′	40	υ′	400	͵δ	4,000	͵μ	40,000	͵υ	400,000
ε	5	ν′	50	φ′	500	͵ε	5,000	͵ν	50,000	͵φ	500,000
ς′	6	ξ′	60	χ′	600	͵ς	6,000	͵ξ	60,000	͵χ	600,000
ζ′	7	ό	70	ψ′	700	͵ζ	7,000	͵ο	70,000	͵ψ	700,000
ή	8	π′	80	ώ	800	͵η	8,000	͵π	80,000	͵ω	800,000
θ′	9	ϙ′	90	ϡ	900	͵θ	9,000	͵ϙ	90,000	͵ϡ	900,000

Observez dans l'écriture des nombres, que lorsque plusieurs lettres se suivent ayant le même trait, on ne le met que sur la dernière ex. : ͵αωλή (p. ͵αώλ΄ή), égale 1838.

3° On peut encore représenter les nombres au moyen des six lettres majuscules dont voici la forme et la valeur :

I.	II.	Δ.	H.	X.	M.
1.	5.	10.	100.	1,000.	10,000.

Pour former les nombres, on peut répéter toutes les lettres, excepté le п, jusques à quatre fois, ex. : ΔΔ égale 20; ΔΔΔΔ égale 40; mais au lieu de répéter Δ cinq fois pour avoir (par ex. :) 50, on inscrit Δ dans un espèce de п qui le multiplie par cinq, ex.: ⌐Δ⌐ égale 50. Toutes les lettres excepté I et п, peuvent être multipliés de la même manière. X⌐H⌐HHHΔΔΔпппп égale 1838.

TRAITÉ DE LA FORMATION DES MOTS

OU

De la composition et de la dérivation.

La langue grecque est la plus riche comme la plus simple des langues et le secret de sa richesse et de sa simplicité est tout entier dans le mécanisme ingénieux de la formation de ses mots. Il est curieux, très-utile et surtout très aisé de voir comment 80,000 mots grecs environ sont renfermés dans un petit nombre de mots *racines*.

Ce sont, en effet, ces mots *racines* qui, diversement modifiés par la *composition* et la *dérivation*, forment toute la nomenclature grecque; il est par conséquent vrai de dire que la connaissance de cette nomenclature n'est, à proprement parler, que la connaissance des *racines*, connaissance d'ailleurs si facile à acquérir soit par la traduction du poëme d'Ulysse, soit par tout autre moyen (1).

Nous allons donner ici les diverses manières dont les *racines* se combinent et se modifient pour former les mots de la langue grecque.

Les mots sont formés par *dérivation* et par *composition*, de là deux articles.

ARTICLE PREMIER.

De la dérivation.

Nous verrons dans cet article 1° ce que c'est que la dérivation, 2° avec quels élémens elle est formée, 3° comment elle se forme.

1° La *dérivation* est la manière de former avec un seul mot *racine* un grand nombre d'autres mots appelés *dérivés*; ces *dérivés* sont formés au moyen des terminaisons.

II. Les terminaisons qui forment la *dérivation* se divisent en terminaisons de substantifs, d'adjectifs et de verbes.

Nous donnons ici toutes celles qui sont le plus connues et le plus usitées : (2)

---

(1) Il serait facile de réduire les 1,800 ou 2,000 racines grecques, qui forment la langue usuelle, à une centaine, au plus, de syllabes fécondes, comme a essayé de le faire, pour l'enseignement universel des langues, M. l'abbé Latouche ; mais cette simplification extrême, qui présente une angue comme une véritable abstraction, nous paraît beaucoup plus philosophique qu'élémentaire ; et, par suite, plus précieuse pour des philologues qui savent déja la langue, que pour des élèves qui ont besoin de l'apprendre. Par exemple, il est plus simple, pour des commençans, d'apprendre comme *racine* le mot ἄνθρωπος *homme*, que de le chercher avec peine dans les trois mots ανα, τρεπω, ωψ, qui ne sont pas *racines*, mais sont eux-mêmes formés de diverses syllabes primitives.

(2) Nous ne mettons ici ni la terminaison du comparatif et du superlatif τερος τατος, ni celles des participes τος et τεος, ni enfin celles des adverbes ως, parce qu'elles font partie des éléments et qu'on les a déjà vues.

TERMINAISONS De substantifs dérivés.			TERMINAISONS D'adjectifs dérivés.		TERMINAISONS De verbes dérivés.	
ια	σις	τηριον	εος	τρος	ηνος	αω	υζω
εια	σια	τωριον	ιος	σιος	ινος	εω	ανω
οια	συνη	τρον	ειος	δανος	τικος	θω	ινω
ανη	της	τηρια	αιος	ηλος	οεις	υω	σκω
αινα	τηρ	τωρια	οιος	υλος	ειδης	ευω	σσω
μα	τωρ	τυς	αλεος	ικος	ωδης	αζω	νυμι
μη	τις	οτης	ρος	ιμος	μων	ιζω	ννυμι
μος	τρια	υδριον *	ηρος	ανος	ειων.	οζω	

REMARQUES. Parmi ces terminaisons, il y en a qui souvent ont un sens déterminé :

Dans les terminaisons de substantifs :

    της, τηρ, τωρ, marquent l'acteur, ex. : θύ-της, celui qui immole, sacrificateur ; on dit τις, τρια pour le féminin.

    σις marque l'action : θύ-σις, l'action d'immoler, immolation.

    σια marque la chose faite : θυ-σία, la chose immolée, victime.

    μα marque l'effet : θύ-μα, immolation faite, sacrifice.

    τηριον, τρον indique le lieu où se passe l'action : θυ-τήριον, le lieu de l'immolation, autel.

    τυς désigne un art ; συνη une qualité : κιθαρις-τύς, l'art de jouer de la cythare ; ἐλεημο-σύνη, compassion et aumône.

Dans les terminaisons d'adjectifs :

    ειδης indique ressemblance : θεο-ειδής, semblable à un Dieu.

    ωδης indique abondance : λιθ-ωδής, rempli de pierre.

Dans les terminaisons de verbes :

    ιζω marque souvent imitation : Ἑλλην-ίζω, Hélléniser, imiter les grecs, parler comme les grecs.

III. Pour former les mots *dérivés*, il suffit d'ajouter une des terminaisons ci-dessus au radical d'un mot *racine* : ainsi la racine θύ-ω, *immoler*, forme :

    θύ-μα, sacrifice.

    θυ-σία, victime.

    θύ-της, sacrificateur.

    θυ-τήριον, autel du sacrifice.

---

* Les substantifs ont en outre quelques terminaisons pour exprimer :

La parenté, savoir. αδης, ιδης (masc.); ας, ις (fém.) Ἡλιαδης fils du soleil ; Ἡλιας fille du soleil.

Les augmentatifs , savoir : ων, αξ, ex. : πλουτ-αξ; Πλουτ-ων , richard ; Pluton.

Les diminutifs , savoir : ιον, αριον, αστον, ιδιον , ισκος, ex. : παιδ-ίον, παιδ-άριον , παιδ-ίσκος petit enfant.

On trouve encore, mais moins souvent : ις, ιλλος, υλος, υγξ, υγξ, να.

On peut ajouter, à la suite les unes des autres, deux, trois et même quatre terminaisons, en observant de toujours joindre la dernière au radical de celle qui précède; de sorte qu'un mot *dérivé* peut être considéré, dans l'application, comme la racine du second *dérivé* qu'il sert à former; c'est ainsi que :

θύ-ω (mot racine) forme le substantif

θυ-σία, qui, à son tour, forme le verbe

θυ-σι-άζω, lequel forme encore le substantif

θυ-σι-ασ-τήριον, dont la première racine est toujours θύ-ω.

OBSERVAT. On est toujours sûr de trouver la racine du dérivé le plus compliqué, en ne prenant que la première ou les deux premières syllabes du mot, d'après ce principe : que le radical d'une *racine* n'a ordinairement qu'une seule syllabe, et quelquefois seulement deux.

La *dérivation* est *simple*, quand elle n'est formée que par une seule terminaison ; quand elle est formée par un plus grand nombre, elle est dite *conplexe*.

NOTA. Presque tous les verbes de deux syllabes, qui ont un ε à la première, peuvent former des substantifs dérivés, en prenant seulement la terminaison ος, et changeant ε du radical en ο, comme pour le parfait second, ex. :

λέγ-ω *parler* forme λόγ-ος *discours* ; δρέμ-ω *courir* forme δρόμ-ος *course*, etc.

ARTICLE SECOND.

De la composition.

Nous verrons dans cet article, 1° ce que c'est que la composition. 2° De quels élémens elle se forme. 3° Comment elle est formée.

I° La *composition* est la manière d'unir deux ou plusieurs mots en un seul ; ce mot ainsi formé s'appelle *composé*.

II° Les mots qui entrent le plus ordinairement dans la *composition* sont : les substantifs, les adjectifs, les verbes et les prépositions, auxquelles on peut ajouter quelques adverbes et quelques particules dont trois seulement sont fort usitées, savoir : α, ευ, δυς.

III° Pour unir deux mots en un seul, il faut observer ce qui suit :

Si le second mot commence par une voyelle, il se joint simplement au radical du premier, ex : νυκτ-αίετος aigle de nuit (de νύξ et αίετος).

Si le second mot commence par une consonne, il se joint aussi au radical du premier, en observant de lier les deux mots par un ο ou un ι euphonique, ex. :

νυκτ-ο-κλέπτης voleur de nuit.

νυκτ-ι-κόραξ corbeau de nuit (hibou).

Si l'on veut joindre plus de deux mots en un seul, on ajoute le troisième au second de la même manière qu'on a ajouté le second au premier, ex. :

βατραχ-ο-μυ-ο-μαχία, combat des rats et des grenouilles.

On trouve quelques *composés* qui ont le premier mot :

au nominatif, ex. : θεός-δοτος Dieu donné (donné par Dieu).

au génitif, ex. : δικασ-πόλος habile dans le droit (p. δίκης).

à l'accusatif, ex. : νουν-εχής rempli d'intelligence (νοῦν contr. p. νόον).

Dans les exemples précédents des mots *composés*, le premier mot est toujours un substantif ; si ce mot est un verbe ou un adjectif, il suit les mêmes règles, ex. :

φιλ-ό-θεος qui aime Dieu.

μακρ-ό-6ιος qui a une longue vie.

Il faut cependant remarquer que les adjectifs peuvent se mettre au nominatif neutre du singulier ou du pluriel, ex.

ἡδύ-φωνος qui a la voix douce.

Les prépositions sont toujours placées devant les substantifs, les adjectifs et les verbes, et n'éprouvent d'autres changemens que ceux déjà indiqués (pag. 90), ex. :

παρα-μένειν demeurer auprès.

πάρ-ειναι être auprès (être présent).

Les particules et les adverbes n'éprouvent jamais de changement, ex :

ἄ-παις qui est sans enfans.

εὐ-αγγέλιον bonne nouvelle (évangile)

τηλέ-μαχος Télémaque, qui combat de loin.

OBSERVAT. Quelques prépositions ont, dans la composition, une signification un peu différente de celles qu'on leur a déjà donnée, ainsi :

ἀνά marque	{	mouvement de bas en haut	: ἀνα-6αίνω marcher vers le haut (monter)
		duplication.	: ἀνα-λανθάνω re-prendre.
κατά marque	mouvement de haut en bas.		: κατα-6αίνω marcher vers le bas.
ἀντί marque	{	opposition.	: ἀντι-6αίνω marcher contre.
		échange.	: ἀντι-δίδωμι donner en échange.
ἐπί, πρός marque addition			: ἐπι-6άλλω jeter en sus.
μετά marque	{	changement.	: μετα-μορφόω changer de forme.
		participation.	: μετα-λαμ6άνω prendra avec d'autres...
ὑπό marque diminution.			: ὑπο-γελάω sou-rire.
la particule *a* marque	{	ordin. privation.	: ἄ-παις sans enfans.
		rarem. augment.	: ἄ-πας tout.

La composition est *simple*, quand elle n'est formée que de deux mots ; si elle est formée d'un plus grand nombre, elle est dite *complexe*.

Enfin, un mot peut être à la fois *composé* et *dérivé*, ex. :

φιλ-ό-σοφος forme ; φιλ-ο-σοφ-έω, φιλ-ο-σοφ-ικός, etc.

Tout le lexique grec n'est que l'application de ces principes

BIBLIOTHEQUE ROYALE

FIN.

TABLE DES MATIÈRES.

Préface.   I

NOTIONS PRÉLIMINAIRES.

ALPHABET.   1
DIVISION DES LETTRES.   2
   VOYELLES.   ibid.
— Diphthongues. Leur formation.   3
   CONSONNES.   ibid.
— *Muettes*, ordres, degrés, tableau, règles.   ibid.
— *Sifflante.*   5
— *Doubles*, leur formation.   ibid.
— *Liquides*, place qu'elles occupent.   ibid.
   Tableau résumé des lettres.   ibid.
ESPRITS. Doux, rude.   6
ACCENTS. Aigu, grave, circonflexe.   ibid.
APOSTROPHE. Son emploi.   ibid.
PONCTUATION. Point, point en haut, virgule, point et virgule, point d'exclamation.   7
DIALECTES. Attique, ionien, dorien, éolien.   ibid.

LIVRE PREMIER.

LES DIX SORTES DE MOTS. Observations préliminaires.   8
CHAPITRE 1er. ARTICLE. Tableau, remarques.   9
CHAPITRE 2. SUBSTANTIF. Observations, 3 déclinaisons.   10
— 1re *déclinaison*, (parisyllabique.) Règles générales et particulières.   11
   Modèle de déclinaison.   12
   Remarques sur les noms en *a* pur et en *a* non pur.   13
   Tableau résumé de la 1re déclinaison.   14
— 2e *déclinaison*, (parisyllabique.) Règles générales et particulières.   ibid.
   Modèle de déclinaison.   15
   Forme attique, règles et modèle de déclinaison.   16
   Tableau résumé de la 2e déclinaison.   ibid.
— 3me *déclinaison*, (imparisyllabique.) Règles générales et particulières.   18
Noms simples, modèle de déclinaison, observations sur quelques cas.   19
Noms contractes, règles de contraction.   21
   Modèle de déclinaison. Observations sur quelques cas.   23
Tableau résumé de la 3e déclinaison.   24

Substantifs irréguliers. 25

CHAPITRE 3. ADJECTIFS. 3 classes. 26.

— 1ʳᵉ *classe.* Règle, modèle de déclinaison. ibid.

— 2ᵐᵉ *classe.* Règle, modèle de déclinaison. 28

— 3ᵐᵉ *classe.* Règle, modèle de déclinaison simple et contracte. 29

Adjectifs irréguliers. 31

DEGRÉS DE SIGNIFICATION. Comparatif et superlatif, règles de leur formation. 32

   Comparatifs irréguliers. 33

Adjectifs numéraux. Nombres cardinaux, nombres ordinaux. 34

Adjectifs démonstratif et conjonctif. 36

Adjectifs interrogatif, indéfinis et correspondants, 37

CHAPITRE 4. PRONOM. ibid.

— *Pronoms* personnels, tableau. 39

— *Pronoms* réfléchis composés, tableau. 40

— *Pronoms* possessifs, tableau. 41

CHAPITRE 5. VERBE. Observations préliminaires; voix, modes, temps. 42

   Radical, terminaison, caractéristique. 43

   Augment, redoublement. 45

ARTICLE 1ᵉʳ. VERBE TYPE ou modèle des autres, ibid.

— *Voix active.* Observations préliminaires. 48

   Tableau partiel et règle de chaque mode. ibid.

   Tableau synoptique de tous les modes de la voix active. 52

   Observations sur le tableau précédent. 54

— *Voix passive et moyenne.* Observations préliminaires. ibid.

   Tableau partiel et règles de chaque mode. 56

   Tableau synoptique de tous les modes de la voix passive et moyenne. 62

   Observations sur le tableau précédent. 64

ARTICLE 2. VERBES MODIFIÉS ou qui se conjuguent sur le verbe type avec quelques changements; deux divisions. 65

DIVISION 1ʳᵉ. Verbes dont le radical est terminé par consonne; deux différences. ibid.

— 1ʳᵉ *différence.* Manière dont le radical s'unit à la terminaison

   I. Dans les verbes dont le radical est terminé par une muette. 66

   II. Dans les verbes dont le radical est terminé par une sifflante ou une double. 68

   III. Dans les verbes dont le radical est terminé par une liquide : règles des terminaisons et du radical. 69

— 2ᵉ *différence.* Manière de former les temps seconds, règle des terminaisons et du radical. 71

DIVISION 2ᵉ. Verbes dont le radical est terminé par une voyelle, deux différences. 74

— 1ʳᵉ *différence.* Manière dont le radical s'unit à la terminaison dans les verbes contractes en αω, εω, οω. ibid.

   I. Dans les verbes en αω : règles de contraction, tableau. 75

II. Dans les verbes en εω : règles de contraction, tableau.   76

III. Dans les verbes en οω : règles de contraction, tableau.   77

Observations sur les verbes précédents.

— 2ᵉ *différence.* Seconde manière de former quelque temps ou verbes en μι.   ibid.

Règles du radical et des terminaisons.   79

I. Dans les verbes en ημι de αω, tableau.   80

II. Dans les verbes en ημι de εω, tableau.   81

III. Dans les verbes en ωμι de οω, tableau.   83

IV. Dans les verbes en υμι de υω, tableau.   83

Verbes irréguliers en ω et ομαι.   ibid.

Verbes irréguliers en μι.   84

Observations sur la signification de quelques verbes.   87

CHAPITRE 6. ADVERBES de lieu, de temps, de manière, de quantité, etc.   88

Comparatif des adverbes.   89

CHAPITRE 7. PRÉPOSITIONS séparées des mots, unies aux mots, tableau.   90

CHAPITRE 8. CONJONCTIONS.   91

CHAPITRE 9. INTERJECTIONS, leur valeur.   ibid.

LIVRE SECOND,

SYNTAXE GRECQUE. Syntaxe d'accord, syntaxe de régime, locutions grecques et françaises.   92

CHAPITRE 1ᵉʳ ARTICLE. Syntaxe d'accord, syntaxe de régime, locutions.   92

CHAPITRE 2. SUBSTANTIF. Syntaxe d'accord, syntaxe de régime, locution.   94

CHAPITRE 3. ADJECTIF. Syntaxe d'accord.   95

Syntaxe de régime : substantif servant de régime ; verbe servant de régime.   96

— *Comparatif.* Syntaxe de régime.   97

— *Superlatif.* Syntaxe de régime.   ibid.

Adjectif démonstratif, αὐτός ; règles particulières.   98

Adjectif interrogatif, τίς : règle particulière.   ibid.

Adjectif conjonctif, ὅς : règle particulière.   ibid.

Locution grecque sur trois adjectifs.   99

Locutions françaises traduites par un adjectif grec.   ibid.

CHAPITRE 4. PRONOM. Accord et régime.   ibid.

CHAPITRE 5. VERBE. Syntaxe d'accord.   100

Syntaxe de régime : trois articles.   ibid.

— *Article 1ᵉʳ Substantif servant de régime* direct ou indirect.

I. Aux verbes actifs : régime direct et indirect.   101

II. Aux verbes neutres : régime indirect seulement.   102

III. Aux verbes passifs : régime indirect seulement.   103

IV. Aux verbes moyens : régime direct ou indirect.   104

— *Article 2. Verbes servant de régime* direct ou indirect

Aux verbes actifs, neutres et passifs.   ibid.

— *Article 3. Proposition servant de régime.* Manière de rendre le *de* ou le *que*   105

Après *dire, croire,* etc., (*que* retranché).   ibid.

Après *empêcher, défendre.*   106

Après *prendre garde, avoir soin,* etc.   ibid.

Après *douter, se mettre peu en peine, il importe.*   ibid.

Après *attendre.*   ibid.

Après *craindre, appréhender.*   ibid.

Après *mériter.*   107

Locutions grecques sur le verbe.   ibid.

Locutions françaises traduites par un verbe grec.   ibid.

Observations sur *on, l'on.*

CHAPITRE 6. PARTICIPE. Syntaxe d'accord, syntaxe de régime.   108

Observations sur le *génitif absolu.*   109

Locutions grecques sur le participe.   ibid.

Locutions françaises traduites par un participe grec.   ibid.

Observations sur quelques temps et quelques modes du verbe et du participe.   110

CHAPITRE 7. ADVERBE. Adverbes d'indication, de temps, de manière, etc.   ibid.

Adverbes de quantité : devant un *nom,* un *comparatif,* un *verbe d'estime.*   111

Adverbes de négation, d'affirmation, d'interrogation.   112

Locutions françaises traduites par un adverbe grec.   ibid.

CHAPITRE 8. PRÉPOSITIONS. Syntaxe de régime : devant un nom, un verbe.   ibid.

Régime des noms qui expriment la *matière,* la *valeur,* la *partie.*   113

Régime des noms qui expriment la *manière,* l'*instrument,* la *cause.*   ibid.

Régime des noms qui expriment la *mesure,* la *distance.*   ibid.

Régime des noms de *temps :* 4 questions, *quandò, quandiù, àquò tempore,*   ibid.

quanto tempore.   ibid.

Régime des noms de *lieu :* 4 questions, *ubi, quò, undè, quà.*   114

Locutions grecques sur les prépositions.   115

CHAPITRE 9. CONJONCTIONS.

Conjonctions qui ne gouvernent rien.   ibid.

Conjonctions qui gouvernent différents modes du verbe.   116

Locutions françaises traduites par une conjonction grecque.   ibid.

CHAPITRE 10. INTERJECTION. Syntaxe de régime.   117

APPENDICE.

DIALECTES : résumé des dialectes *Attique, Ionien, Dorien, Éolien.*   117

ACCENTUATION.

— *Règles générales :*

Quantité des voyelles finales, position et changements des accents.   119

— *Règles particulières :*

Accent dans les noms, les adjectifs et les participes.   121

Accent dans les comparatifs, superlatifs et verbes.   ibid.

Accent dans les prépositions.   122

Accent dans les enclitiques et proclitiques.   ibid.

Accent dans les composés.   123

MANIÈRE D'ÉCRIRE LES NOMBRES. Trois manières.   ibid.

TRAITÉ DE LA FORMATION DES MOTS. Dérivation et composition.   125

TOULOUSE, J.-B. PAYA IMPRIMEUR-LIBRAIRE.

www.ingramcontent.com/pod-product-compliance
Lightning Source LLC
Chambersburg PA
CBHW051723090426
42738CB00010B/2053

9 782011 277770